HONFLEUR 8
Wer nicht in der malerischen alten Seefahrerstadt war, hat die Normandie nicht gesehen.
📷 *Tipp: Das Hafenbecken, in dem sich die Fassaden spiegeln, ist in jedem Licht anders – und immer begeisternd.*

➤ S. 74, Calvados & Orne

LE MONT-SAINT-MICHEL 6
Der wunderbare Klosterberg war schon im Mittelalter Ziel Abertausender (Pilger-)Touristen.
📷 *Tipp: Den schönsten Blick hast du von den Salzweiden auf dem Festland aus.*

➤ S. 119, Manche

TAPISSERIE DE BAYEUX 9
Ein Comicstrip aus dem Mittelalter: Der einzigartige, 70 m lange Wandteppich aus dem 11. Jh. erzählt die Geschichte des Normannenherzogs Wilhelm, der auszog, sich die englische Krone zu holen.

➤ S. 95, Calvados & Orne

LE HAVRE 7
Betonarchitektur von Weltrang: Das hochmoderne Stadtensemble zählt zum Unesco-Weltkulturerbe.
📷 *Tipp: Fotografier den Turm von Saint-Joseph nicht nur von außen, sondern auch von innen in Richtung Himmel.*

➤ S. 64, Seine-Maritime & Eure

GRANVILLE 10
Spektakuläre Lage über der Bucht von Saint-Michel und viel Ambiente im „Monte Carlo des Nordens".

➤ S. 112, Manche

INHALT

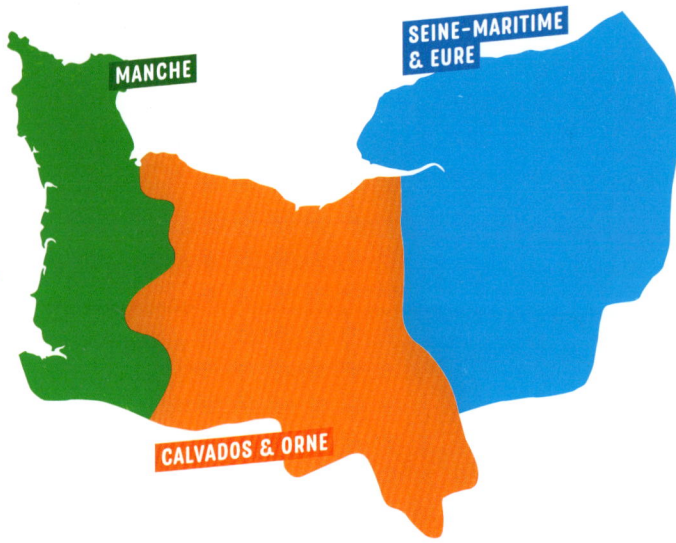

MANCHE

SEINE-MARITIME & EURE

CALVADOS & ORNE

🕐 Besuch planen
€–€€€ Preiskategorien
(*) Kostenpflichtige Telefonnummer

🍴 Essen/Trinken
🛍️ Shoppen
🍸 Ausgehen
🌴 Top-Strände

(📖 A2) Herausnehmbare Faltkarte
(📖 0) Außerhalb des Faltkartenausschnitts

BESSER PLANEN MEHR ERLEBEN!

Digitale Extras
go.marcopolo.de/app/nmd

MARCO POLO

DIGITALE EXTRAS

DIGITAL NOCH MEHR ERLEBEN

Schneller in Urlaubslaune kommen.

Perfekt organisiert sein – vor, während und nach dem Urlaub.

Mit der MARCO POLO Touren-App und unseren digitalen Angeboten.

Noch mehr Trendziele, Inspiration und aktuelle Infos findest du auf **marcopolo.de**

Werde Teil unserer Reise-Community und folge uns auf Instagram und Facebook!

SO EINFACH GEHT'S

① Website besuchen

② Die digitale Welt von MARCO POLO entdecken

③ App runterladen und ab in den Urlaub

Alle Infos zum digitalen Angebot unter **marcopolo.de/app**

DAS BESTE ZUERST

Bombenkrater an der Pointe du Hoc zeugen von der Befreiung 1944

BEST OF ☂

BEI REGEN

SCHÖN, AUCH WENN ES REGNET

DIE ARCHITEKTUR DES „BETONPOETEN"

Wie sich der Architekt Auguste Perret das Leben in einer modernen Hafenstadt nach dem Zweiten Weltkrieg vorstellte, kannst du dir im von der Unesco zum Welterbe erklärten Gebäudeensemble der City *Le Havres* und ebenddort auch in einem *Musterappartement* ansehen.

➤ S. 65, Seine-Maritime & Eure

STIPPVISITE BEI MONET

Das einstige Wohnhaus und der Garten des Impressionisten in *Giverny* sind eine der Hauptattraktionen der Normandie. Und wenn es von oben heruntertropft, bieten nicht nur das Haus, sondern auch die Bambushaine Schutz (Foto).

➤ S. 48, Seine-Maritime & Eure

FLANIEREN ÜBER FÉCAMP

Im spannenden *Museum Les Pêcheries* in einer alten Fischfabrik kannst du auf fünf Ebenen Kultur und Geschichte der einstigen Kabeljaumetropole erkunden – und den Regen (und die Steilklippen) vom Glasaufbau auf dem Dach aus betrachten.

➤ S. 62, Seine-Maritime & Eure

SHOPPEN ZWISCHEN FACHWERKBALKEN

Eine stattliche Zahl von Boutiquen und Geschäften in der *Altstadt Rouens* befindet sich in restaurierten Fachwerkhäusern. Sollte es mal zu sehr schütten, kannst du dich erst dem Kaufrausch hingeben und hinterher die Fassaden bestaunen.

➤ S. 53, Seine-Maritime & Eure

ABTAUCHEN IM DESIGNERBAD

Jean Nouvel entwarf die *Bains des Docks* in Le Havre: eine blau-weiße Oase für Wellnessfans, gepaart mit einer überaus interessanten modernen Architektur.

➤ S. 69, Seine-Maritime & Eure

BEST OF
LOW-BUDGET

FÜR DEN KLEINEN GELDBEUTEL

OHNE MAUT ÜBER DIE SEINE

Die wenigen Brücken über den Unterlauf der Seine sind alle mautpflichtig. Nimm dir doch lieber die Zeit, mit einer *kostenlosen Fähre (bac)* überzusetzen. Mehr Spaß macht es außerdem!
➤ S. 64, Seine-Maritime & Eure

IMPRESSIONEN
DER IMPRESSIONISTEN

Das *Musée d'Art Moderne André Malraux* in Le Havre öffnet jeden ersten Samstag im Monat kostenlos die Pforten zur größten Impressionismussammlung außerhalb des Musée d'Orsay in Paris und der USA.
➤ S. 67, Seine-Maritime & Eure

60 METER HOCH
ÜBER DER SEINEMÜNDUNG

Einen wunderbaren Ausblick über den Mündungstrichter der Seine sowie über Honfleur und Le Havre nebst deren Häfen bietet der Fußweg auf den *Pont de Normandie* (Foto). Das Auto kannst du nahe den Autobahnabfahrten an den dafür vorgesehenen Parkplätzen abstellen.
➤ S. 77, Calvados & Orne

KURIOSITÄTENKABINETT

Le Tréport ist das Tor zur Normandie – und die mehr als 100 Jahre alte, aber zuverlässig modernisierte Standseilbahn mit ihren fabelhaften Blicken über Stadt und Küste perfekt für einen ersten Überblick – und das sogar völlig umsonst.
➤ S. 60, Seine-Maritime & Eure

RUHEPUNKT IM STADTTRUBEL

Mitten in der turbulenten City von Rouen genießt du im *Aître Saint-Maclou* eine Oase der Ruhe fernab von Hupkonzerten und Autoverkehr. Die Bäume auf dem einstigen Pestfriedhof spenden im Sommer zudem angenehmen Schatten und Eintritt zahlst du auch keinen.
➤ S. 51, Seine-Maritime & Eure

KÜSTE, KLIPPEN, STRAND

Größte Attraktion der Normandie sind für Kinder deren Küsten. Spielen am Strand, Muscheln suchen, Ebbe und Flut erleben, Klippen (mit genügend Abstand!) erkunden: Die Möglichkeiten sind so vielfältig wie die Küstenlandschaften (Foto).

REKORD-U-BOOT

Das weltgrößte zu besichtigende U-Boot, die *Redoutable,* liegt in Cherbourgs *Cité de la Mer,* einem Entdeckungszentrum rund ums Thema Unterwasserwelt.
➤ S. 104, Manche

TROPENGARTEN MIT SCHMETTERLINGEN

Im Schutz einer Glaskuppel flattern im *Naturospace Equatorial* in Honfleur 1000 exotische Schmetterlinge sowie farbenprächtige Vögel aus den Tropen umher.
➤ S. 75, Calvados & Orne

TOUR UNTER TAGE

Die ehemalige Schiefermine *Souterroscope des Ardoisières* in Caumont-l'Éventé, bildet die spektakuläre Kulisse für eine Exkursion, bei der Kinder unter anderem Grundwasser berühren und eine Mineralienausstellung zu sehen bekommen.
➤ S. 96, Calvados & Orne

SCHOKO BIS ZUM ABWINKEN

Im *Chocolatrium* des Schokoladenherstellers Cluizel in Damville dürfen Kinder nicht nur bei der Herstellung zusehen, sondern auch probieren und eigenhändig eine Tafel dekorieren.
➤ S. 45, Seine-Maritime & Eure

LICHT- UND FARBENSPIELE

Die *Musilumières,* ein prachtvolles musikalisch-visuelles Spektakel, verzaubert in der *Kathedrale von Sées –* ein märchenhaftes Erlebnis für kleine und große Besucher.
➤ S. 88, Calvados & Orne

SCHÖNSTE RUINE FRANKREICHS

Stellvertretend für die normannische Romanik steht die imposante *Benediktinerabtei Jumièges*. Diese Architekturperle aus dem 11. Jh. ist aber auch schon aufgrund ihrer romantischen Lage an einer Schleife der Seine sehenswert.

➤ S. 56, Seine-Maritime & Eure

CAMEMBERT & CO.

Normannischer Käse ist weltberühmt, natürlich vor allem der Camembert, aber auch der Livarot oder der *Pont-l'Évêque*. Ebenda bietet die *Fête du Fromage* eine ideale Gelegenheit, sich durch all die sahnigen oder pikanten Genüsse durchzuprobieren.

➤ S. 135, Feste & Events

KARAMELLBONBONS AU BEURRE SALÉ

Einfach köstlich sind die *caramels d'Isigny* (Foto), die bei aller Süße einen Hauch salziger Seeluft auf die Zunge bringen – ebenso wie gesalzene Karamellcreme: quasi Bonbons als Brotaufstrich! Kauf sie z. B. in der „Buttermetropole" Isigny.

➤ S. 32, Shoppen & Stöbern

CIDRE & CALVADOS

Tolle Tropfen gewinnen die Normannen aus den vor allem im Pays d'Auge fast allgegenwärtigen Äpfeln. In vielen Cidrerien und Destillerien kannst du zuschauen, wie diese hergestellt werden – und natürlich auch kosten, z. B. bei Christian Drouin in der *Destille Cœur de Lion*.

➤ S. 81, Calvados & Orne

ALABASTERKÜSTE

Die weißen Klippen der *Côte d'Albâtre* sind weltberühmt. Besonders eindrucksvoll geformte Felsen kannst du bei *Étretat* bestaunen. Wie die Aiguille, die „Nadel", zu ihrem Namen kam, erschließt sich auf den ersten Blick.

➤ S. 63, Seine-Maritime & Eure

SO TICKT DIE NOR MANDIE

Grasen im Unesco-Welterbe: Schafe in der Bucht von Mont-Saint-Michel

ENTDECKE DIE NORMANDIE

Windschutz und Schattenspender im nostalgischen Retrolook: Strandzelte an der Côte Fleurie

Wie eine Festung erhebt sich der Klosterberg Mont-Saint-Michel, das „Wunder des Abendlands", aus der Marschlandschaft. Doch die Region im Nordwesten Frankreichs hat noch viel mehr zu bieten: Bilderbuch-Fachwerkdörfer, kilometerlange Strände, Steilküsten aus Kreidefelsen, berühmte Kathedralen und Abteien. Und die drei großen C – Camembert, Cidre und Calvados – stehen für das Savoir-vivre à la normande.

MONDÄNER SCHICK UND LÄNDLICHE IDYLLE

15 Uhr. Frühsommerluft liegt über dem Vieux Bassin, dem alten Hafenbecken von Honfleur. Die Mittagsgedecke sind abgeräumt, vereinzelt sitzen Nachzügler noch an Platten mit frischen Meeresfrüchten. Wenige Kilometer westlich liegen Sonnenhungrige im feinen Sand des mondänen Strands von Deauville. Die Strand-

1000 v. Chr.
Kelten besiedeln die Normandie

56 v. Chr.
Cäsar erobert Gallien

ab 2. Jh.
Christianisierung. Rouen wird erster Bischofssitz

841
Wikinger plündern die Küste

1066
Wilhelm der Eroberer wird König von England

1337–1451
100-jähriger Krieg zwischen Frankreich und England

1431
Jeanne d'Arc wird in Rouen auf dem Scheiterhaufen verbrannt

cafés bevölkert schickes Publikum aus Paris. Im Hinterland spaziert derweil der Kellermeister, durch Apfelgärten in voller Blüte, prüft die Knospen, die einen guten Calvadosjahrgang versprechen. Zwischen den Bäumen grasen gefleckte Kühe auf saftigen Wiesen.

SOMMERFRISCHE MIT STRAND UND APFELHAINEN

Seit 200 Jahren ist die Normandie Inbegriff der Sommerfrische, Garten und Badewanne für die Bürger nicht nur der nahen Hauptstadt. In Seebädern wie Cabourg, Deauville, Dieppe und Granville begann für Kontinentaleuropa der Badetourismus. Über die Seine versorgt die Provinz Paris mit Lebensmitteln; ihr Steueraufkommen finanzierte einst große Teile des Staatsetats. Wirtschaftlicher Reichtum zog den kulturellen nach sich: Die Region besitzt einen üppigen Schatz an Baudenkmälern, allen voran das Wahrzeichen der Normandie: der Klosterberg Mont-Saint-Michel. Prächtige Kathedralen wie in Rouen, Bayeux, Sées oder Coutances, Abteien oder deren beeindruckende Ruinen, Schlösser aller Stilrichtungen sowie Hunderte Herrensitze *(manoirs)* und Gutshöfe.

HIER ENTSCHIED SICH DAS SCHICKSAL EUROPAS

Trotz der Vorteile der günstigen Lage am Meer weiß man hier aber auch: Nicht nur Gutes kommt von fernen Gestaden. Kamen doch die Wikinger, die die Region erst ausplünderten, danach besiedelten und ihr als *nortmanni* schließlich zum Namen verhalfen, über die See. Ebenso die Engländer im 100-jährigen Krieg, die spanische Armada, die deutsche Kriegsmarine. Und am 6. Juni 1944 die alli-

1940 Besetzung der Normandie durch deutsche Truppen

1944 Landung der Alliierten an den normannischen Küsten, Befreiung von der deutschen Besatzung

2016 Neuordnung der Regionen, Basse und Haute Normandie werden zu einer Region mit der Hauptstadt Rouen

2020/21 Die Coronapandemie trifft auch die Normandie schwer

2022 Frankreich erlebt eine schwere Dürre; in der Normandie folgen auf extreme Trockenheit Regenfluten

ierte Landungsflotte auf dem Weg, Europa vom Naziterror zu befreien. Wochenlang war die Normandie ein flammendes Inferno, Le Havre, Cherbourg, Saint-Lô, Caen und vor allem Rouen lagen in Schutt und Asche. Diese Zeit ist vor allem an den Landungsstränden noch gegenwärtig. Die Normandie hat aber auch ausgeteilt: durch Wilhelm den Eroberer etwa, der 1066 auszog, die ihm versprochene englische Krone zurückzuerobern, die man ihm vorenthielt – so sah er es zumindest.

MUSIKER, MALER, MODESCHÖPFER

Der berühmteste Normanne? Vielleicht Christian Dior. Sein Geburtshaus in Granville ist eine Kultstätte der Haute Couture. Die Schriftsteller Jacques Prévert, Guy de Maupassant und Gustave Flaubert gehören zu den Geistesgrößen der Normandie, ebenso der Staatsphilosoph Alexis de Tocqueville. Auch der Komponist Erik Satie, die Schauspieler Jean Marais und Laetitia Casta sind hier geboren. Claude Monet, Edgar Degas und Camille Pissarro stellten hier ihre Staffeleien auf und erfanden die Malerei neu: Licht und Landschaft der Normandie wurden die Wegbereiter des Impressionismus.

DAS LAND, IN DEM MILCH UND CIDRE FLIESSEN

Politisch gliedert sich die Normandie in fünf Departements: Manche, Calvados und Orne im Westen sowie Seine-Maritime und Eure im Osten. Seit 2016 bilden sie die Großregion Normandie, die Hauptstadt ist Rouen. Klimatisch profitiert die Region von Ausläufern des Golfstroms. Ein guter Teil der französischen Milchkühe grast hier und ein noch größerer Teil der Vollblutpferde. Bei den Franzosen steht die Normandie für Käse, Butter und Sahne sowie für Calvados und Cidre. Einige Dutzend Fischerhäfen gibt es noch, wenngleich auch für die normannische Flotte die Ressourcen knapper werden.

EINE KÜSTE OHNE BETTENBURGEN

Die gut 600 km Küste könnten vielseitiger kaum sein: Im Nordosten stehen mächtige Kreideklippen an den Kiesstränden der Côte d'Albâtre, der Alabasterküste, darunter die 70 m hohe, fast nadelspitze Aiguille bei Étretat. Westlich folgen die mondäne Côte Fleurie (Blumenküste), die Côte de Nacre (Perlmuttküste) und die Plages de Débarquement, die Landungsstrände im Calvados mit Namen wie Utah Beach oder Omaha Beach. Auf der Halbinsel Cotentin findest du 100 km goldgelbe Sandstrände, hübsche Häfen und dramatische Steilküsten. Im grünen Hinterland erlebst du eine Landschaft voller Ruhe und Farbenpracht. Die Normandie hat ihren rustikalen Charme bewahrt und kommt ohne Bettenburgen aus. Aktivitäten beschränken sich nicht auf Wasser- und Strandsport. Ein dichtes Wanderwegenetz lockt Spaziergänger, verkehrsarme Straßen und Sträßchen sind ideal für Radfahrer. Auf größeren Flüssen finden sich Kanu- und Kajakreviere. Sogar Felskletterer können sich hier austoben. Die Normandie lässt eben keinen Wunsch offen.

AUF EINEN BLICK

3.325.000
Einwohner

Schleswig-Holstein: 2.859.000

110
Einwohner teilen sich einen km²

Sachsen-Anhalt: 106

14 m
Tidenhub in der Bucht von
Mont-Saint-Michel

Norddeich (Ostfriesland): 2,50 m

29.906 km²
Fläche

Brandenburg: 29.654 km²

HÖCHSTE KLIPPE:
105 m

an der Steilküste
bei Fécamp

**SPANNWEITE DES
PONT DE NORMANDIE**
856 m

**ÜBER DER SEINEMÜN-
DUNG ZWISCHEN LE
HAVRE UND HONFLEUR**

**ANZAHL DER
APFELBÄUME**

**ca.
10 Mio.**

SECHSMAL UNESCO-WELTERBE
Abtei und Bucht von Mont-Saint-Michel, Teppich von Bayeux,
Architekturstadt Le Havre, Vauban-Festungsanlagen, Karneval von
Granville und Spitze von Alençon

68,38 m

lang ist der weltberühmte
Teppich von Bayeux

**400 GROSSE
TÜMMLER**

**LEBEN IN DEN KÜSTEN-
GEWÄSSERN DER NORMANDIE –
DIE GRÖSSTE KOLONIE EUROPAS**

DIE NORMANDIE VERSTEHEN

GRÜNE MAUERN

Romantischer kann eine Agrarlandschaft kaum aussehen: Die *bocage* ist lebendiges Zeugnis des Geschicks unserer Vorfahren, Wind und Wetter zu trotzen. Sie säumten Felder mit dichten, auf Wällen angelegten Hecken, ähnlich den norddeutschen Knicks. So schützten sie sie vor dem Wind und damit der Austrocknung und dem Verwehen des Saateintrags. Die Hecken bieten Nistraum für Vögel, die wiederum bei der natürlichen Schädlingsbekämpfung helfen. Zudem spart man so teure Zäune und Mauern – und schafft ganz nebenbei eine Landschaft von großem Reiz: eben die *bocage*. Mit der vermeintlich segensreichen Flurbereinigung schien dann im 20. Jh. das Verschwinden der *bocage* besiegelt. Große Agrarmaschinen wollen weite, ebene Flächen. Inzwischen hat zum Glück die Trendwende eingesetzt: Die Austrocknung der ungeschützten Böden und vermehrter Insektizidbedarf zeigten den Nutzen der Hecken auch in ökonomischer Sicht. Und so wird nun, staatlich gefördert, die *bocage* rekonstruiert.

D-DAY

Als „Der längste Tag" ging der 6. Juni 1944 in die (Film-)Geschichte ein. Militärisch gesehen bedeutete die Landung der Alliierten an den Stränden der Normandie den Anfang vom Ende des Naziterrors in Europa. Jahrelang hatten die US-amerikanischen und britischen Generalstäbe den „D-Day" vorbereitet. Ziel: den deutschen Atlantikwall durchbrechen. Knapp 7000 Schiffe und rund 156 000 Mann Landungstruppen warfen sie – mit massiver Unterstützung aus der Luft – in der Operation Overlord gegen die Flachküste des Calvados und der Manche. Nach äußerst heftigen Gefechten beendete die Einnahme von Rouen am 30. August 1944 die deutsche Besetzung der Normandie endgültig. Der Preis war hoch: Etwa 87 000 Menschen, darunter 37 000 Alliierte, verloren ihr Leben. Zahlreiche Soldatenfriedhöfe und Bunkerruinen zeugen noch von diesem blutigen Kapitel europäischer Geschichte.

NEW LOOK IN DER HAUTE COUTURE

Als der Knabe Christian 1905 in der elterlichen Villa an der Steilküste von Granville das Licht der Welt erblickte, ahnte niemand, dass er diese mit seinen Kreationen erobern sollte. 1947 sorgte der Modeschöpfer mit seiner Kollektion *corolle* für internationale Furore. Sie machte den Normannen zur Lichtgestalt der französischen Haute Couture. Mit seinen Modellen mit schmaler Taille, figurbetontem Oberteil und schwingenden Röcken kreierte er den New Look und mit ihm das Modeideal der „ewigen Pariserin". Die zum Modemuseum umgewandelte Villa ist für Fashionfans aus aller Welt zum Pilgerziel geworden.

SCHNÄPPCHEN MIT GUTEM GEWISSEN

Unter anderem in Alençon, Cherbourg, Caen, Rouen, Eu und Saint-Pierre-sur-Dives fallen die Wiederverwertungszentren der Wohltätigkeitsorganisation Emmaüs ins Auge. Gegründet wurde die Bewegung 1949 von Abbé Pierre (1912–2007), einem katholischen Priester aus Lyon, mit dem Ziel, Armen und Menschen ohne Obdach zu helfen. In der Normandie erhielt er 1964 in Esteville als Schenkung ein *manoir,* auf dessen Friedhof er begraben liegt. In den Zentren sind Arbeitslose und ehemalige Häftlinge gegen Gehalt damit beschäftigt, gebrauchte Alltagsgegenstände und Möbel zu restaurieren. Schau ruhig einmal dort vorbei, es lassen sich tolle Schnäppchen machen. Zudem tust du Gutes in sozialer, ökonomischer und ökologischer Hinsicht. Eine Liste der Zentren mit Öffnungszeiten findest du auf *emmaus-france.org.* bzw. *Facebook (J'Emmaüs).*

ZUCKERBÄCKERLOOK

Prägend für das Bild der normannischen Baukunst ist die spannungsvolle, Flamboyant genannte Stilvariante der Spätgotik. Während sich Ende des 15. Jhs. die Baumeister anderswo bereits der Renaissance zuwandten, blieb man in Frankreich noch bis in die zweite Hälfte des 16. Jhs. dem Flamboyantstil treu. Diese Bauform, die sich vor allem in verspielter, filigraner Ornamentik und an Flammen erinnernder Verlängerung des Maßwerks ausdrückt, ist besonders eindrucksvoll an den Kathedralen in Rouen, Évreux, Bayeux und Coutances zu sehen.

Schmale Taille, schwingende Röcke: Christian Dior schrieb mit dem New Look Modegeschichte

Mal längs, mal quer, mal auch schön schräg: Fachwerk, hier in Saint-Valéry-en-Caux

WASSER, MARSCH!

Die Küste lebt im Rhythmus der Gezeiten, die sich vor allem an der Westküste des Cotentin mit einem immensen Tidenhub bemerkbar machen. Häfen erwachen mit dem Öffnen der Schleusentore (ca. 1,5 bis 2,5 Stunden vor dem Scheitelpunkt der Flut) zum Leben, um nach deren Schließen bei Ebbe wieder in Lethargie zu verfallen. Einige Strände verwandeln sich bei Hochwasser in schmale Sandstreifen und bei Niedrigwasser zu weiten, bis zum Horizont reichenden Flächen. Die Abfahrtszeiten von Ausflugsbooten und Fähren folgen häufig dem Gezeitenkalender. Ein Blick in die Tageszeitung oder auf die Website des lokalen Office du Tourisme gibt Auskunft über Uhrzeit und Höhe von Hochwasser (*marée haute* oder *pleine mer*) und Niedrigwasser (*marée basse* bzw. *basse mer*).

HEILIGE REBELLIN

Schon als Kind erlebte Jeanne die Schrecken des 100-jährigen Kriegs, des Machtkampfs zwischen England und Frankreich um die französische Krone. Göttliche Eingebungen ließen sie ihr kurzes Leben dem Kampf gegen die Engländer widmen. Das 1412 in Lothringen geborene Bauernmädchen überzeugte den Thronfolger Karl VII., ihr ein 3000-Mann-Heer zur Verfügung zu stellen, mit dem sie 1429 das belagerte Orléans befreite. Beim Versuch, die Engländer völlig zu vertreiben, fiel Jeanne 1430 dann in die Hände der Burgunder, die sie an die mit ihnen verbündeten Engländer auslieferten. Ein Tribunal aus Bischöfen und Äbten machte ihr den Prozess u. a. wegen Ketzerei und Hexerei und ließ sie am 30. Mai 1431 19-jährig auf dem Scheiterhaufen in Rouen verbrennen. Der Vatikan sprach sie 1920 heilig. So wurde sie als „Heilige Jungfrau von Orléans" zur Schutzpatronin Frankreichs.

BAUKUNST MIT HOLZ

Wunderschöne Fachwerkhäuser sind das Markenzeichen historischer normannischer Architektur. Orte wie Beuvron-en-Auge oder manche Straßenzüge der Altstadt von Rouen gleichen regelrechten Fachwerkmuseen. Man unterteilt die *colombages* in sechs meist regionaltypische Stilrichtungen. Allesamt sind sie geprägt durch lange, parallele Balken (Ständer) und/oder durch feines, manchmal auf dem Kopf stehendes Ähren- bzw. Fischgrätmuster.

LEINWAND-LICHTSPIELE

Das weiche, wechselnde Licht der Normandie zog ab der Mitte des 19. Jhs. viele junge Maler an die hiesige Küste. Vor allem Honfleur und Étretat mit ihren spektakulären Motiven entwickelten sich zu regelrechten Künstlerkolonien. In seiner Geburtsstadt errichtete Eugène Boudin die „Schule von Honfleur" und war damit einer der Vorläufer des Impressionismus, der die europäische Malerei revolutionieren sollte. Unter seinem Einfluss entwickelte sich der 1840 in Paris geborene Claude Monet zum herausragenden Reprä-

KLISCHEE KISTE

NICHT NUR REGEN

Vor allem Südfranzosen sind sicher, dass es im Norden unentwegt aus grauem Himmel schüttet. Dagegen sprechen knapp 1800 Sonnenstunden im Jahr. Vor allem im Sommer kann man die Normandie durchaus bei blauem Himmel und warmen Temperaturen erleben. Wahr ist jedoch, dass Regen hier kein seltenes Phänomen ist – nicht zuletzt deshalb besitzt die Region so prachtvolle Gärten.

FREMDSPRACHEN? POURQUOI?

Trotz zahlreicher Gäste aus dem Ausland sind Fremdsprachenkenntnisse in Frankreich nach wie vor keine Selbstverständlichkeit. Staatspräsident Charles de Gaulle wusste schließlich, was er tat, als er im Regierungsflugzeug Caravelle das „No smoking"-Schild durch eines mit der Aufschrift „Ne pas fumer" ersetzte, *n'est-ce pas?*

DEN LUXUS GÖNNE ICH MIR

Französische Kochkunst gilt nicht zu Unrecht als teures Vergnügen. Doch dank kurzer Wege und der Lage am Meer bietet die Normandie hochwertige Delikatessen zu günstigen Preisen. So ist ein *plateau* mit *fruits de mer* zum Mittagessen hier kein Luxus, sondern Teil des normannischen Lebensgefühls.

sentanten der neuen Stilart. Viele großartige Gemälde zeugen von seiner Genialität. 1881 zog er von Honfleur in das ländliche Giverny und machte aus seinem Garten ein einzigartiges Idyll. Es wurde Kulisse für viele seiner Bilder. 1926 starb Claude Monet; er liegt auf dem Friedhof von Giverny begraben.

NOR(D)MANNEN

Mit kleinen, wendigen Schiffen kamen sie aus dem Norden über das Wasser und raubten, was sie bekommen konnten: die Wikinger. Dabei nahmen sie nicht nur die Normandie für ihre Raubzüge aufs Korn – weite Teile Europas zitterten vor ihnen. Als die Wikinger des Kommens und Gehens müde waren, begannen sie, sich anzusiedeln, und wurden zu Beginn des 10. Jhs. unter ihrem Anführer Rollo zu einem Machtfaktor im Land. Rollo ließ sich taufen und wurde als Robert erster Herzog der Normandie. Es war die Geburtsstunde des Lands.

FISCHEN ZU FUSS

Eine normannische Leidenschaft ist die *pêche-à-pied,* das „Fischen zu Fuß" – besonders wenn hohe Gezeitenkoeffizienten bei Ebbe Strand- und Uferzonen freigeben, die sonst unzugänglich bleiben. Dann, aber nicht nur dann, streben ganze Großfamilien, ausgestattet mit Schaufeln, Forken, Spaten und Eimern, gen Meer. Der feuchte Sand wird nach Muscheln durchkämmt, jeder Stein umgedreht, weil darunter eine Krabbe sitzen könnte

(Grundsatz: Jeder umgedrehte Stein wird danach wieder in seine Ursprungsposition gebracht!). Erlaubt ist das Strandfischen nur für den Eigenbedarf. Die *offices de tourisme* halten Größenschablonen bereit, die dir zeigen, wie groß die Meeresfrüchte mindestens sein müssen, damit man sie sammeln darf. Auf gar keinen Fall darf man das Gefangene an wen auch immer verkaufen. Und Vorsicht vor Strömungen und Gezeitenwechseln: Die plötzlich einsetzende Flut hat schon manchen in den Wattzonen der Westküste des Cotentin in Gefahr gebracht.

PFERDEFIEBER

Mehr als ein Drittel aller französischen Pferde werden in der Normandie geboren. Gezüchtet werden Renn- und Reitpferde, Lastentiere für die Landwirtschaft und Schlachttiere. Pferdefreunde sollten nicht versäumen, im berühmten Gestüt Haras du Pin bei Argentan von Juni bis September die Pferdeparade zu erleben. Der zweite Haras National der Normandie befindet sich in Saint-Lô.

SPITZENKUNST = KUNST AUS SPITZE

Das kunstvolle Fadenschlagen um die Nadeln des Nadelspitzenkissens wurde wahrscheinlich in Venedig erfunden. Ab 1665 wurden Spitzen auch im normannischen Alençon hergestellt. Bald fand der französische Geschmack eine eigene Variante, die stark konturierte Ornamentik auf zartem, handgenähtem Netzgrund. Der lang anhaltende Erfolg der *dentellière normande* war dem Point d'Alençon von Madame

Tolles Terrain fürs Training der Trabergespanne: der Strand von Deauville

La Perrière zu verdanken. Tausende von Frauen und Kindern, vor allem in ländlichen Gebieten der Basse-Normandie, sicherten mit Hand- und Heimarbeit die Existenz ihrer Familie. Im 19. Jh. setzte sich die maschinelle Herstellung der Spitzen durch. In den Museen in Alençon und Argentan wird die Spitzenklöppelkunst gewürdigt.

APFELGEIST

Calvados (oft kurz: *calva*) nennen die Normannen wie das Departement den 40-prozentigen Geist aus dem Apfel. Die hiesigen Apfelsorten haben zwar klimabedingt nicht die gleiche Qualität wie diejenigen aus der bretonischen Region Cornouaille, woher die anerkannt besten Cidre und Calvados (die dort Lambig heißen) stammen, haben aber zu Recht ebenso den Ruf eines Tropfens edler Herkunft begründet. Neben den Äpfeln selbst entscheidet eine ganze Reihe von Fakto-

ren über die Qualität des Calvados: Im Idealfall wird er zweifach destilliert (wie z. B. im Landstrich Pays d'Auge) und altert dann in Eichenfässern in einem belüfteten und gleichmäßig feucht gehaltenen Keller. Dabei gilt: je älter, desto besser und – logisch – desto teurer! Zu Discountpreisen kann es eben keinen guten *calva* geben. Aber Achtung: Ein steril sauberer Alterungskeller ist kein gutes Zeichen. Kenner wissen: Calvados muss „leben", auch die Mikrooxidation durchs Fassholz hindurch bestimmt die Qualität. Exzellent ist folglich ein natürlich „atmender" Keller mit scheinbar schmutzigen Wänden und Decken. Das rührt von einem speziellen Pilz, der sich von den Ausdünstungen der Fässer ernährt. Zum viel zitierten *trou normand* wird der Calvados, wenn er während eines üppigen Menüs für den nächsten Gang ein Loch *(trou)* im Magen schaffen soll.

ESSEN
SHOPPEN
SPORT

Überall laden Cafés und Bistros zu einer kleinen Pause beim Bummeln ein

ESSEN & TRINKEN

Camembert, Cidre und Calvados: Zu den drei berühmten großen C der *cuisine normande* gesellt sich ein viertes: die eigentlich bretonische Crêpe, die auch aus der normannischen Küche nicht wegzudenken ist. Das normannische Küchencredo lautet kurz und bündig: Man isst gerne, viel und gut. Praktischerweise findet sich in der Nachbarschaft nahezu alles, was man an frischen Zutaten dazu braucht.

Überall begegnet man grasenden Kühen, die durch ihre Grundfarbe Beige auffallen. Sie sind meist dunkelrot bis braun gefleckt. Die *vache normande*, ursprünglich eine Kreuzung verschiedener Milchvieharten zur Ertragsoptimierung, bildet mit ihren Milchprodukten von Rahm über Butter bis zu diversen Käsesorten die köstliche Basis der Küche.

Die normannische Küche ist erdverbunden, so wie sich die Normannen selbst meist eher als Landmenschen denn als Küstenbewohner verstehen, und trägt stets stark lokal geprägte Charakterzüge. Die enorme Fruchtbarkeit der Region bringt ihr in der Produktion von Gemüse und Salat eine Spitzenstellung ein, Rohkostsalate *(crudités)* stehen ebenso oft auf der Karte wie – vor allem auf dem Land – Gemüsesuppen, die mittlerweile wieder hoch im Kurs stehen. Die Qualität der Zutaten und ihre Frische dank der kurzen Wege tragen dazu bei, dass man sich an manches Essen noch erinnert, wenn der Urlaub längst vorbei ist.

SALZLÄMMER UND GLÜCKLICHE KÜHE

Das milde Klima erlaubt es, Rinder fast ganzjährig auf der Weide zu belassen. Deren Fleisch schmeckt daher besonders aromatisch. Dies gilt auch für das Salzwiesenlamm, das *agneau*

Der Apfel spielt in allen Aggregatszuständen mit: tarte aux pommes *und Calvados (li.)*

des prés salés, berühmt vor allem am Mont-Saint-Michel, wo es auf regelmäßig vom Meer überspülten Marschen weidet. Geflügel wird oft frei gehalten und mancher wird hier (wieder-)entdecken, wie gut ein Huhn – oder auch dessen Ei – schmecken kann.

GESUNDE GENÜSSE AUS DEM MEER

Der herbstliche Beginn der Fangsaison von Jakobsmuscheln vor der Küste ist für viele ein ähnlich herbeigesehntes Ereignis wie andernorts die Ankunft des Beaujolais Primeur. Austern hingegen werden auch in der Normandie normalerweise nicht mehr wild abgeerntet – an vielen Orten des Cotentin und nahe der Seinemündung ist man zur Zucht übergegangen. Auf Austernbänken (eigentlich eher Tischen) zieht man sie in Säcken auf. Das Meer zeichnet dann für das Gedeihen des exquisiten und gesunden Schalentiers verantwortlich, das bei jeder Flut aufs Neue überspült und mit nahrhaftem Plankton versorgt wird. Ähnlich ist es bei den Miesmuscheln, die vor allem am Mont-Saint-Michel als moules des bouchots, als Pfahlmuscheln , an 4 m hohen, im Watt versenkten Eichenpfählen gezüchtet werden.

Der Meeresgrund vor der Küste ist in der Normandie eher flach und sandig. An Fischen finden sich daher auf den Tellern vor allem Plattfische wie Steinbutt (turbot), Seezunge (sole), Kliesche (limande) oder Scholle (plie). In Dieppe genießt man die lisette, eine kleinere Makrelenart.

NICHT NUR CAMEMBERT

Der wohl berühmteste normannische Käse ist der Camembert in der typischen Spanholzverpackung, den man klassischerweise ohne Rinde zu grünem Salat genießt. Doch auch der oft

Ein Käse mit Abitur: Dieser Camembert hat die Reifeprüfung bestanden

aus Nordspanien stammen und über die Bretagne und die Britischen Inseln hierherkamen. Auch wenn Cidre heute nicht mehr so selbstverständlich zum Alltag der Region gehört wie einst, ist der vergorene Apfelmost zumindest Symbol für normannische Lebensart. Und er ist nach wie vor Ausgangsprodukt für die Destillation zu Calvados.

ES MUSS NICHT IMMER WEIN SEIN

Man trinkt Cidre pur als erfrischenden Durstlöscher oder als Aperitif *kir normand,* d.h. mit einem Schuss Cassis, dem Likör aus schwarzen Johannisbeeren. Selbst zu einem würzigen Käse wie reifem Camembert oder Livarot trinken echte Normannen keinen Rotwein, sondern traditionell fruchtig-trockenen Cidre, und zwar aus der *bolée,* der typischen Steingutasse. Cidre gibt es als schwächere, in der Flaschengärung abgebremste Version (ca. zwei Prozent Alkohol), besserer Cidre jedoch erreicht etwa den Alkoholgehalt eines deutschen Biers.

DER COUSIN DES CIDRE

Der *pommeau* ist ein fruchtiger Aperitif, der erst gegen 1970 erfunden wurde: Zwei Jahre alter Calvados wird dazu mit Saft aus herben Äpfeln im Verhältnis 1:2 vermischt und ruht dann mindestens 14 Monate im Eichenfass. Der *poiré* ist ein Cidre aus Birnen; für viele ist der beste der Poiré AOC de Domfront. Das schwach alkoholische Getränk ist ein erfrischender Aperitif an heißen Tagen.

INSIDER-TIPP
Origineller Durstlöscher

in Herzform hergestellte Neufchâtel aus dem Ort Neufchâtel-en-Bray, der ebenfalls nach seinem Produktionsort benannte, leicht salzige Weichkäse Pont-l'Évêque und der kräftige, orangerote, in fünf Schilfbänder eingerollte Livarot zählen zu den herausragenden normannischen Käsesorten. Beim Camembert schwören Eingeweihte auf den *Camembert de Normandie AOC* oder *AOP (Appellation d'Origine Contrôlée* bzw. *Protégée).* Eine Schutzvereinigung hat durchgesetzt, dass echter Camembert zur Erlangung der kontrollierten Herkunftsbezeichnung aus Rohmilch *(lait cru)* hergestellt werden muss und keinesfalls aus pasteurisierter Milch. Einige Firmen wollten diese Bedingung aus Kostengründen kippen.

ÄPFEL UND BIRNEN MIT UMDREHUNGEN

Äpfel und Birnen sind Basis für viele alkoholische Getränke, vor allem für Cidre und Calvados, die ursprünglich

Unsere Empfehlung heute

Hors-d'œuvre

HUÎTRES CHAUDES AU POMMEAU
Heiße Austern in Sauce aus *pommeau*

COQUILLES SAINT-JACQUES DE GRANVILLE
Jakobsmuscheln in einer Sauce aus Sahne und Muschelsud mit Schnittlauch

MARMITE DIEPPOISE
Eintopf aus mehreren Fischarten, Muscheln, Krabben, Gemüse und Sahne

Plats de résistance

MOULES MARINIÈRES
In Weißweinsud gedämpfte Miesmuscheln mit Schalotten und Petersilie

DEMOISELLES DE CHERBOURG
Kleine Hummer, in Weinsud zubereitet und in zerlassener Butter serviert

CABILLAUD À LA CAUCHOISE
Kabeljau in Champignonsauce

MATELOTE
Fisch in einem Sud mit Crème fraîche

ESCALOPE DE VEAU À LA CRÈME
Kalbsschnitzel in Sahnesauce

GIGOT D'AGNEAU PRÉ SALÉ
Keule vom Salzwiesenlamm

CANARD À LA ROUENNAISE
Geröstete Ente mit Sauce aus Entenblut, Rotwein und Calvados

BŒUF BRAISÉ À LA NORMANDE
In Cidre und Calvados marinierter Rinderbraten

TRIPES À LA MODE DE CAEN
In Cidre und Calvados geschmorte Kutteln

ANDOUILLE DE VIRE
Innereienwurst aus Vire

BOUDIN NOIR
Blutwurst mit gerösteten Zwiebeln und Apfelringen

BOUDIN BLANC
Aus Geflügelfleisch, Eiern und Sahne bereitete Bratwurst

Desserts

CRÊPE NORMANDE
Mit Zucker, Sahne und Apfelringen und mit Calvados am Tisch flambiert

TARTE AUX POMMES
Dünnteigiger Apfelkuchen mit Crème fraîche

TEURGOULE
Milchreis mit Zucker und Zimt

SHOPPEN & STÖBERN

Für einen der berühmten normannischen Kleiderschränke *(armoire normande)* reicht der Platz in deinem Auto wahrscheinlich nicht, aber kulinarische Köstlichkeiten und Handwerkskunst eignen sich hervorragend als Reiseerinnerungen und Mitbringsel.

KRÄUTER, KARAMELL & KROKANT

Die weltberühmten normannischen Käse genießt du am besten vor Ort, anderenfalls verscherzt man es sich leicht mit den Mitfahrern – gerade Rohmilchkäse entfalten Düfte, die nicht jeder mag. Flüssiges in Form von Cidre, Calvados, Pommeau oder dem Kräuterlikör Bénédictine aus Fécamp ist da vorteilhafter – und hält sich auch länger. Köstlich ist auch der fruchtige Apfelsaft, der aus Cidreäpfeln gepresst wird und in allen Cidrerien bzw. Destillerien zu haben ist. Naschmäuler freuen sich über *sucre de pomme*, karamellisierte Apfelzuckerstangen, die wunderbaren ⚑*caramels d'Isigny*, Salzbutterkaramell mit Crème fraîche, oder über Schokoladenspezialitäten. Zu den besten zählen die aus Alençon, zu finden bei *Chocolats Glatigny (So/Mo geschl. | 44, Grande rue | chocolatsglatigny.fr)*. Hier kannst du unter mehr als 60 Sorten in unterschiedlichsten Formen von der Praline bis zur Skulptur wählen. Probier mal die an das Spitzenhandwerk erinnernden *points d'Alençon* oder die *étriers* („Steigbügel") genannten Krokantpralinen!

> **INSIDER-TIPP**
> „Spitzen"-Schokolade

BUMMELVERGNÜGEN

In Städten ist das Angebot meist reichhaltiger, die Wochenmärkte der kleinen Provinzorte sind aber attraktiver. Besuch einmal am Samstagmorgen den in einer uralten Halle veranstalteten Markt in Dives-sur-Mer! Es ist ein

Kofferraum schon voll? Platz für ein Fläschchen Pommeau (li.) findet sich bestimmt noch

Erlebnis, durch die mit lokalen Produkten prachtvoll gefüllten Stände zu bummeln. Die Markttage *(jours du marché)* sind meist durch Schilder an der Ortseinfahrt angezeigt.

FALLS ES DOCH MAL REGNET …

Legendär und viel besungen: Regenschirme *(parapluies)* aus Cherbourg beschirmen gekrönte Häupter ebenso wie die von Weltstars. *Le Véritable Cherbourg* hat so gut wie nichts mit seinen Kollegen aus der Kaufhausklasse gemein – allerdings auch nicht den Preis. Alles Wesentliche – inklusive eines Händlerverzeichnisses – zu einem etwas anderen Souvenir aus der Normandie unter *parapluiede cherbourg.com.*

MIT TRADITION UND HANDGEMACHT

Kann es etwas teurer sein, so bietet sich etwa in Villedieu-les-Poêles allerlei Kupfergeschirr für die Küche an. Aber auch hier gilt: Nicht alles stammt aus heimischer Produktion. Achte deshalb auf entsprechende Stempel! In Alençon und Argentan locken kostbare Spitzenarbeiten und in Rouen die berühmten Fayencen.

SCHÖNES VON DER SCHEIBE

Freunde schöner Keramik werden vor allem im Töpferort Noron-la-Poterie im Departement Calvados fündig. Aber Vorsicht: Nicht alles ist in den Ateliers des Orts entstanden, von denen du einige auch besichtigen kannst.

MITBRINGSEL MIT DURCHBLICK

Ein ausgefallenes Mitbringsel sind die Kaleidoskope und andere optische Spielzeuge aus Dominic Storas Manufaktur in Beaumont-en-Auge, erhältlich im Laden *Après la Pluie (3, Rue de la Libération | kaleidoscopes france.com)* in der Ortsmitte.

SPORT

Im Hinterland und an der Küste verspricht die Normandie aktiven Wasser- und Landratten optimale Erholung und jede Menge Spaß. Denn die Region ist ein regelrechtes Dorado für Freizeitaktivitäten, da sie mit nahezu allem aufwartet, was man sich für einen Aktivurlaub – mit und ohne leistungssportliche Ambitionen – nur wünschen kann.

Die Palette reicht von allen Arten des Wassersports – ob auf dem Meer oder einem der zahlreichen kleinen Flüsse – über Radtouren, Wanderungen und Golf bis hin zu Trend- und Funsportarten wie Beachvolleyball, Inlineskating oder Bungeespringen. Eine auch nur annähernd komplette Erwähnung aller Möglichkeiten würde hier den Rahmen bei Weitem sprengen. Eine ausführliche Linksammlung findest du auf der Website des regionalen Fremdenverkehrsamts *normandie-tourisme.fr*.

WASSERSPORT

Gut 600 km Küste lassen es ahnen: Die Möglichkeiten zum Wassersport sind in der Normandie nahezu unbegrenzt. Freunde des Segelsports *(ef voile.fr)*, des Surfens *(surfingfrance. com)*, Kitesurfens *(federation.ffvl.fr)*, Tauchens *(ffessm.fr)* oder Wasserskifahrens *(ffsnw.fr)* kommen in der Normandie auf ihre Kosten. Vor allem für Einsteiger eignen sich normannische Gewässer, da sie meist ruhiger sind als die raueren in der benachbarten Bretagne. Die Küste lässt sich daher auch wunderbar ohne Motor oder Segel vom Wasser her entdecken, nämlich mit Meereskajak, Kanu, Stand-up-Paddelbrett oder Ruderboot *(ffcak.org)*. Einen Überblick gibt die Website *station-nautique.com*.

Seit ein paar Jahren erfreut sich auf Stränden mit geringem Gefälle auch die von einem Rudertrainer aus Dunkerque erdachte Trainingsmethode

namens *longe-côte* (etwa „entlang der Küste") steigender Beliebtheit: eine Art Wasserwaten, mit oder ohne Paddel, aber in jedem Fall mit Neoprenanzug. Der Sport fordert und fördert Kondition und Muskelkraft und ist dabei gelenkschonend. Näheres auf *hauteville.longecote.fr.*

STRANDSEGELN

Natürlich besitzt die über 600 km lange normannische Küste viele badefreundliche Sandstrände. Nicht umsonst sind hier die ersten Seebäder Europas entstanden. Heute nutzt man die Strände aber nicht mehr nur zum (Sonnen-)Baden, sondern auch zum Strandsegeln, das in den letzten Jahren enorm an Popularität gewonnen hat. Vor allem die Westküste der Halbinsel Cotentin bietet mit ihren riesigen Stränden beste Bedingungen für Strandsegler, ebenso die Côte de Nacre. Vorkenntnisse sind nicht erforder-

lich, um über den Strand zu sausen, lediglich eine Einführung – und Wind. Solltest du einen jener raren Sommertage erwischen, an denen sich ausnahmsweise kein Lüftchen bewegt, musst du das Experiment um einen Tag verschieben. Einen Überblick über Kurse, Ausleihe und Zentren findest du auf *ffcv.org.*

KANU & KAJAK

Auch im Hinterland gibt es reichlich Wasser. Das Flusssystem der Normandie ist mit insgesamt 14 000 km eines der längsten in Europa und bietet entsprechend vielfältige Möglichkeiten. Bei Tagestouren wie auch bei mehrtägigen Trips kannst du die üppige Natur der Region geräuschlos und aus nächster Nähe erkunden. Viele kleinere Flüsse mit wenig Strömung bieten vor allem Anfängern und Naturliebhabern gute Bedingungen. In der zerklüfteten Landschaft der Normannischen Schweiz dagegen herrschen dynamischere Strömungsverhältnisse, die auch Fortgeschrittene schätzen.

RADFAHREN

In der überwiegend ländlich geprägten Normandie bietet ein dichtes Netz verkehrsarmer Nebenstraßen ein hervorragendes Radrevier. Die schönsten Strecken sind meist speziell als Veloroute ausgeschildert. Oft verbinden sie die schönsten Orte und attraktivsten Sehenswürdigkeiten miteinander wie z.B. die *Petit Tour de Manche*, die von Cherbourg auf der Halbinsel Cotentin über Carentan bis zum Mont-Saint-Michel führt. Dazu kommen etliche *voies vertes:* autofreie Strecken eigens für Wanderer und Biker. Allerdings sorgen das meist leicht hügelige Gelände und nicht selten der Wind für – maßvolle – sportliche Herausforderungen. Die Touristeninformationen halten Broschüren und Kartenmaterial bereit bzw. verfügen auf ihren Internetseiten über entsprechende Rubriken. Eine hilfreiche Website ist *geoportail.gouv.fr*. Dort ist, ähnlich wie bei Google Earth, Frankreich in hochwertigen Luftbildern dargestellt. Man kann den gewählten Bereich dann in Kartenausschnitte bis zum Messtischblatt-Maßstab oder Stadtplan verwandeln, die eine exakte Routenplanung ermöglichen, inklusive GPS-Informationen. Eine weitere Website zum Thema ist *rando velo.fr*. Locvelo (Tel. 06 46 34 37 21 | *locve lo.fr*) liefert dir dein Leihrad in jedem

INSIDER-TIPP
Per Rad zum Klosterberg

INSIDER-TIPP
Bei Anruf Leihrad

Winkel der Normandie ins Haus und holt es auch wieder ab. Eine etwas andere Form des Fahrrads ist das *vélorail*, eine ☎ Draisine. Auf stillgelegten Bahnstrecken kann man so mit Muskelkraft „Bahn fahren", spannend auch für Kinder ab 1,30 m Größe. Infos gibt es z.B. unter *velorail-normandie.fr*.

WANDERN

Die Normandie ist ein ideales Wandergebiet. Allein die Manche verfügt über acht regionale Fernwanderwege *(sentiers de grande randonnée)* mit ausgearbeiteten Drei- bis Fünftagesrouten zwischen 34 und 106 km. Schwindelfreie können auf dem 90 km langen Fernwanderweg GR 21 von Le Tréport nach Le Havre phantastische Ausblicke von den Steilklippen der Alabasterküste genießen. Aber auch das Hinterland bietet zahlreiche reizvolle Routen. Informationen: *Fédération Française de Randonnée Pédestre (Tel. 01 44 89 93 90 | ffrandonnee.fr)*

REITEN

Allein 90 *centres équestres* oder *pony-clubs* bieten in der Region der Pferdezüchter Reitkurse an. Dazu zählen auch Spazierausritte oder Mehrtagesausflüge zu Pferd *(randonnées à cheval)*. Hilfreich ist die unter *normandie-tourisme.fr* zum kostenlosen Download erhältliche Karte „La Normandie à cheval", die die schönsten Routen für Reitwanderungen zeigt und touristische Unterkünfte mit Stallungen *(Accueil Cheval, Cheval Étape)* aufführt. Wer gern vom Kutschbock aus die Zügel führt, findet einen gut vorbereiteten *tourisme hippomobile* vor, mit der Möglichkeit, Kaleschen in fünf Einrichtungen *(centres de location)* zu mieten.

TENNIS

Die Normandie ist die größte französische Tennisregion. Hunderte Clubs vermieten Plätze an Gäste. Rechne in der Halle mit ca. 15 Euro, draußen mit ca. 10–12 Euro pro Stunde.

ANGELN

An normannischen Flüssen wie Risle, Iton, Avre, Sée, Touques oder Béthune gibt es Hunderte von idyllischen, aussichtsreichen Fangplätzen. Informatives über Fischarten, Größen, Regeln, Fangstellen und die Kontaktdaten der normannischen Verbände findest du auf *federationpeche.fr*. Eine an sieben aufeinanderfolgenden Tagen gültige Urlaubsangelkarte kostet 33 Euro.

GOLF

Die Normandie zählt nicht zu den billigsten Golfregionen dieser Erde, mit Sicherheit aber – wegen der Rasenqualität und der Lage vieler Plätze – zu den besten und attraktivsten. Insgesamt wartet die Region mit über 30 Plätzen auf, gehäuft finden sie sich an der Côte Fleurie. Der sieben Tage gültige Normandie Golf Pass *(mygreenfee.com)* gewährt 15 Prozent Ermäßigung auf drei Greenfees auf mindestens zwei Plätzen. Näheres unter *de.normandie-tourisme.fr/aktivurlaub/golf*

Läuft bei ihr: Spektakuläre Blicke genießen Wanderer natürlich vor allem an der Küste

DIE REGIONEN IM ÜBERBLICK

LA MANCHE

Passage de la Déroute

Channel Islands
(GB)

Cherbourg-Octeville

Baie de la Seine

Golfe de St. Malo

Baie de St. Brieuc

MANCHE
S. 100

Caen

CAL-VADOS & ORNE
S. 70

Avranches

Landschaft pur: wilde Küste, Strände und verträumte Dörfer

Bilderbuch-Normandie: Seebäder, Fachwerk und Landungsstrände

Vilaine

Mayenne

Sarthe

Loire

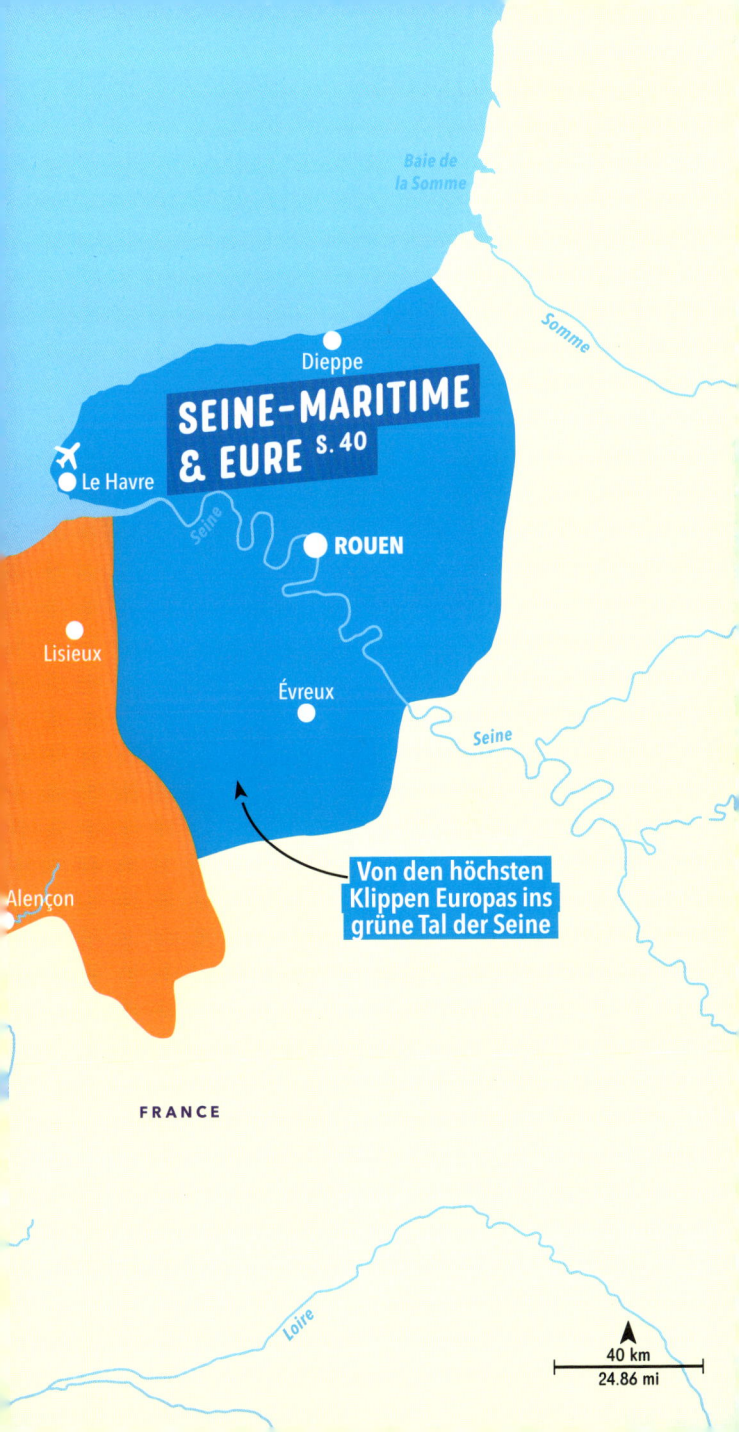

Baie de
la Somme

Somme

Dieppe

SEINE-MARITIME
& EURE S. 40

Le Havre

Seine

ROUEN

Lisieux

Évreux

Seine

**Von den höchsten
Klippen Europas ins
grüne Tal der Seine**

Alençon

FRANCE

Loire

40 km
24.86 mi

SEINE-MARITIME & EURE

STILLES LAND UND SCHROFFE KÜSTE

Wie ein Bildhauer hat die Natur unvergleichliche Landschaften in das Kalkplateau zwischen Paris und dem Ärmelkanal gemeißelt: das Seinetal und die Côte d'Albâtre, die Alabasterküste.
In mächtigen Mäandern strebt die Seine ihrer Mündung zu und braucht so für die gut 100 km Luftlinie zwischen Vernon und Le Havre fast das Doppelte. Steilufer wechseln sich ab mit Auen und Fachwerkdörfern. Wo die Flüsse des Hinterlands, des Pays de Caux, ins Meer münden, sind Fischerorte wie Dieppe und Fécamp entstanden,

Wahrscheinlich das berühmteste Normandie-Motiv überhaupt: die Falaise d'Aval bei Étretat

Inbegriff der Sommerfrische am Meer. Der Höhepunkt folgt an der Küste: Wie eine Mauer trotzt die Alabasterküste auf 120 km den Angriffen des Meers. Trotzdem hobeln Wind und Wellen jedes Jahr einige Zentimeter der bis zu 120 m hohen Kalkformationen ab und formen dabei Skulpturen wie die Falaise d'Aval bei Étretat, die zum Symbol für die Region geworden ist. Bei Hochwasser sind die Strände daher kiesig; erst die Ebbe legt Sand frei. Wer auf reinen Strandurlaub aus ist, ist also in der Manche und im Calvados besser aufgehoben.

SEINE-MARITIME & EURE

LA MANCHE

140 km, 2 ½ Std.

Veules-les-Roses **27**

D925

Fécamp
S. 61

Plage d'Antifer
Plage d'Étretat
28
Étretat ★

Yvetot

A29

A150

Bolbec

60 km, 1 Std.

Abbaye de Montivilliers **30**

Abbaye Saint-Wandrille **19**

Le Havre ★
S. 64

Harfleur **29**

A131

La Seine

Parc Naturel Régional des Boucles de la Seine Normande **17**

Abbaye de Jumièges ★
20

Honfleur

A131

La Haye-de-Routot **16**

A13

Pont-Audemer **18**

90 km, 1 ¼ Std.

La Risle

A132

Le Bec-Hellouin **6**

A13

Château d'Harcourt **5**

Lisieux

D613

La Dives

A28

Bernay **4**

D438

La Vie

La Touques

Le Laison

145 km, 2 Std.

Château de Beaumesnil ★ **3**

La Charentonne

La Risle

NORMANDIE

15 km
9.32 mi

Le Tréport · 23 · 22 · Eu

Plage de Pourville · **Dieppe ★** S. 56

26 · 25 · Pourville-sur-Mer
Varengeville-sur-Mer

24 · Château de Miromesnil

115 km, 1 ½ Std.

A28

A29

N27

D915

A151

Barentin

A28

int-Martin-de oscherville

1 · **Rouen ★** S. 49

13 · Château de Vascœuil

Oissel

Lyons-la-Forêt · 14

Abbaye de Mortemer · 15

Elbeuf

D6014

Val-de-Reuil

11 · Gisors

8 · **Les Andelys ★**

HAUTS-DE-FRANCE

7 · Louviers

D181

D915

A15

Vernon · 9 · 10 · **Giverny ★**

Évreux S. 44

N13

A13

ÎLE-DE-FRANCE

Mantes-la-Ville

Conches-en-Ouche

Aubergenville

N154

1 · Chocolatrium Cluizel

12 · Anet

ÉVREUX

(K5) **Évreux, die Hauptstadt des Departements Eure, liegt in der wunderbaren Landschaft des Pays d'Ouche.**

Wie schon während der Französischen Revolution erlitt die Stadt auch im Zweiten Weltkrieg schwere Zerstörungen. Im Zug des Wiederaufbaus entwickelte sie sich zu einem bedeutenden Industrie- und Handelsplatz. So ist Évreux (46 000 Ew.) mit seinen zahlreichen historischen Sehenswürdigkeiten heute Mittelpunkt eines florierenden Wirtschaftszentrums.

SIGHTSEEING

TOUR DE L'HORLOGE

Gegenüber vom Rathaus steht dieses Wahrzeichen der Stadt, der schlank aufragende *beffroi* aus dem 15. Jh. In dem 44 m hohen Turm hängt eine stattliche, 2000 kg schwere Sturmglocke, deren mächtiges Läuten den Bürgern drohende Gefahren aller Art ankündigte. Nachts wird der Turm effektvoll beleuchtet.

CATHÉDRALE NOTRE-DAME & PALAIS ÉPISCOPAL

Die eindrucksvolle, schon im 11. Jh. entstandene Kirche erhielt ihre heutige Form im 12.–17. Jh. Sehenswert sind im Inneren *(tgl. 8.30–19 Uhr)* die großartigen bunten Kirchenfenster und die feinen Renaissanceschranken an den Chorkapellen. Mit der Kathedrale durch einen Kreuzgang verbunden ist der *Palais Épiscopal* von 1499.

Heute ist in dem ehemaligen prächtigen Bischofspalast das kostenlos zu besichtigende ❧ *Musée d'Art-Histoire-Archéologie (Di–Fr 9.30–12 und 14–18, Sa/So 10–12.30 und 14–18 Uhr)* untergebracht. Im Mittelpunkt stehen eine Bronzestatue des Jupiter und ein 60 m langes Originalstück der Stadtmauer.

SAINT-TAURIN

Von den Uferwegen am Iton hast du schöne Blicke auf das Stadtensemble, bei den Straßen Rue Dubais, du Docteur-Guindey, du Président-Huet, du Pont-de-Fer und Saint-Sauveur auch auf alte Waschhäuser. Die Promenade führt zur einstigen Abteikirche, die über dem Grab von Saint-Taurin, dem ersten Bischof der Stadt, errichtet wurde (schöner Reliquienschrein aus dem 13. Jh.). *Tgl. 9–18 Uhr (außer während der Messen)*

ESSEN & TRINKEN

LA GAZETTE

Modernes Restaurant in traditionellem Fachwerkhaus, lokale Zutaten für kreative Küche – z. B. Schellfisch mit kandiertem Fenchel, Yuzusaft und Dilljus. *Sa-Mittag, So und Mo geschl. | 7, Rue Saint-Sauveur | Tel. 02 32 33 43 40 | restaurant-lagazette.fr | €€–€€€*

INSIDER-TIPP
Innovative Küche hinter alten Balken

NORMANDY HÔTEL

Das Restaurant befindet sich in einem schönen Fachwerkhaus mit normannisch-rustikaler, gemütlicher Inneneinrichtung. Wenn es draußen kühler ist, reservier rechtzeitig einen Platz am großen Kamin! Gute französische Küche mit Klassikern wie Lamm, Entrecôte mit Foie-gras-Sauce oder Meeresfrüchteeintopf. *So, Sa-Mittag und Mo-Mittag geschl. | 37, Rue Édouard Feray | Tel. 02 32 31 24 74 | hotel-restaurantdenormandie-evreux.fr | €€*

RUND UM ÉVREUX

1 CHOCOLATRIUM CLUIZEL 👁

20 km südlich von Évreux/25 Min. über die D 51

Der Schokoladenhersteller Cluizel in *Damville* betreibt auch dieses Schokoladenmuseum. Man kann durch große Scheiben bei der Produktion zusehen, ein individuelles Schokoladenprofil erstellen und sich nach einer Verkostung in der Schokoladenboutique mit Leckereien eindecken. *Av. de Conches | Di-Sa 10–16.45 Uhr | cluizel.com | ⏱ 1 Std. | ▥ K5*

2 CONCHES-EN-OUCHE

20 km westlich von Évreux/25 Min. über die D 830

Auf einer Anhöhe über dem Flüsschen Rouloir thront dieser kleine, charmante Ort (5000 Ew.) mit den Resten einer in früheren Zeiten mächtigen Festungsanlage aus dem 11./12. Jh. 21 herrliche Glasfenster besitzt die Kirche *Sainte-Foy (tgl. 9–18 Uhr).* Sehenswert ist auch das kleine (Glas-)Museum *Musée du Verre, de la Pierre et du Livre (Route de Sainte-Marguerite | März–Nov. Mi-So 14–18 Uhr | museeduverre.fr)* mit Exponaten berühmter Künstler. *▥ J5*

3 CHÂTEAU DE BEAUMESNIL ★

40 km westlich von Évreux/45 Min. über die D 31 und D 25

In einer prächtigen Gartenanlage mit einem kuriosen 👁 Buchsbaum- und Eibenlabyrinth, das den einstigen

So elegant, so verspielt, so barock: Château de Beaumesnil, das „normannische Versailles"

Donjon überwuchert, und umgeben von einem Wassergraben steht das elegante Barockschloss aus dem 17. Jh., genannt „das normannische Versailles". Im Louis-XIII-Stil erbaut, ist besonders der mit schönen Skulpturen verzierte Zentralteil sehenswert.

INSIDER-TIPP
Süß, schwer, schmackhaft

Lass dir die Demonstration der Karamellherstellung mit Verkostung nicht entgehen! *(Juli/Aug. tgl. 13.30 Uhr) April und Sept. Sa/So 14–18, Mai/Juni Mi–So 11–18, Juli/Aug. tgl. 10–19 Uhr | chateaubeaumesnil.com |* □ *J5*

4 BERNAY

47 km westlich von Évreux/50 Min. über die D 31 und D 133

Inmitten der 10 000-Ew.-Stadt findest du die älteste normannisch-romanische Abteikirche, die *Église Abbatiale Notre-Dame* aus dem 11. Jh. Das Bau-werk besitzt schöne Fassaden, skulptierte Kapitelle und ausgewogene Arkaden. In der Abtei zeigt das *Musée des Beaux-Arts (Mai–Sept. Di–So 14–18, Okt.–April 1. Fr des Monats 19–21.30, 1. Sa/So des Monats 14–18 Uhr)* Fayencen aus Rouen und Gemälde verschiedener Meister.

Wenige Kilometer südlich in *Treis-Sants-en-Ouche* serviert das rustikal eingerichtete Restaurant *Hostellerie du Moulin Fouret (tgl. | Tel. 02 32 43 19 95 | moulin-fouret.com | €€€)*, eine ehemalige Wassermühle aus dem 16. Jh. mit viel Charme, feine Küche und kreative Menüs. □ *J4*

5 CHÂTEAU D'HARCOURT

35 km nordwestlich von Évreux/ 40 Min. über die D 613 und D 25

Die Burg aus dem 12. Jh. liegt in einem schönen, mit zahlreichen exotischen Baumarten durchsetzten Park.

Auberge de l'Abbaye in Le Bec Hellouin: schlemmen hinter Fachwerk

Das mittelalterliche Bauwerk ist von einem 15 m tiefen Graben und der Festungsmauer mit mächtigen Wehrtürmen umgeben. Der große Staatsforst rundherum ist ein Traum für Wanderer und Naturfreunde. *Mitte Juni–Mitte Sept. tgl. 10.30–18.30, März–Mitte Juni und Mitte Sept.–Mitte Nov. Mi–Mo 14–18 Uhr | harcourt-normandie.fr | ⌂ J4*

6 LE BEC-HELLOUIN

45 km nordwestlich von Évreux/ 45 Min. über die D 613 und D 39

Teile der im herrlichen Flusstal der Risle gelegenen, 1035 gegründeten Benediktinerabtei *Abbaye Notre-Dame du Bec (Führungen April–Sept. Mo und Mi–Sa 10.30, 15 und 16, So 12, 15 und 16, Okt.–März Mo–Fr 10.30 und 15.30, Sa 10.30, 15 und 16, So 12, 15 und 16 Uhr | abbayedubec.org)* wie die einst immense Kirche (130 m Länge!) wurden durch Brände und Kriege zerstört. Anfang des 19. Jhs. diente die Anlage als Gestüt. Die erhalten gebliebenen Gebäude wie der wuchtige Glockenturm Saint-Nicolas zeugen von mittelalterlicher Baukunst. Gut essen – bei schönem Wetter im malerischen Innenhof – kannst du in der im 18. Jh. im normannischen Fachwerkstil errichteten *Auberge de l'Abbaye (Mo-Mittag und Di-Mittag geschl. | 12, Place Guillaume Le Conquérant | Tel. 02 32 44 86 02 | hotelbechellouin.com | €€). ⌂ J4*

7 LOUVIERS

25 km nördlich von Évreux/25 Min. über die D 155 und N 154

Kurz vor der Mündung der Eure in die Seine liegt die als Standort der Textilindustrie bekannte Kleinstadt (18 500 Ew.). Ihre Kirche *Notre-Dame* aus dem 13. Jh. hat als Beispiel für die gotische Flamboyantarchitektur Geltung erlangt. Einzigartig in ganz Europa ist auch der mit einer Brückenkonstruktion ins Wasser gebaute Kreuzgang im *Couvent des Pénitents,* dem Kloster der Büßer. Das *Musée de Louviers (Place Ernest Thorel | Mi–Mo 14–18 Uhr | Facebook)* lohnt wegen einer Sammlung schöner Fayencen den Besuch.

Ein kleiner, aber perfekter Ort zur Entspannung ist der Teich *Mare de Saint-Lubin* an der D 81 Richtung La Haye-Malherbe, ein Rückzugsgebiet vieler Tier- und Pflanzenarten (Kröten, Molche, Salamander, Libellen, Wasserfenchel und sogar Wasserschläuche, eine fleischfressende Wasserpflanze). ⌂ K4

8 LES ANDELYS ⭐

37 km nordöstlich von Évreux/45 Min. über die D 316

Auf einem Kalkfelsen hoch über einem malerischen Seinebogen und der beschaulichen Stadt (8100 Ew.) thronen die gewaltigen Ruinen der Festung *Château Gaillard.* 1196 unter dem normannischen Herzog und englischen König Richard Löwenherz innerhalb gut eines Jahres erbaut, war die Burg ein wichtiges Bollwerk der normannischen Verteidigung gegen Frankreich. Die Reste – vor allem der von einer Verteidigungsmauer und einem Graben umgebene *Donjon* – sind ebenso fotogen wie der großartige Rundblick über das Tal der Seine. *Außenanlagen ständig frei zugänglich, oberer Innenhof und Donjon Mitte*

Pilgerort für Freunde des großen Malers: das blumenumstandene Monet-Haus in Giverny

März–Mitte Nov. Mi–So 10–12.30 und 14–18 Uhr | ⏱ 45 Min. | ▥ K4

9 VERNON

35 km östlich von Évreux/40 Min. über die N 13 und D 52

Die von vielen Fachwerkhäusern aus dem 15. Jh. und einer prächtig ausgestatteten gotischen Stiftskirche aus dem 12. Jh. geprägte Stadt (24 000 Ew.) profitiert vom touristischen Glanz ihres weltbekannten Nachbardörfchens Giverny. Das Wahrzeichen Vernons, der 22 m hohe Donjon, nahm später das Stadtarchiv auf.

Noch pittoresker ist *Le Vieux Moulin*, die kurios zwischen zwei Pfeilern der Ruine der mittelalterlichen Brücke von Vernon aufgesetzte alte Mühle. Am Ortsrand liegt das prunkvoll im italienischen Stil gestaltete *Château de Bizy (April–Okt. Di–So 10–18 Uhr nur mit geführter Besichtigung | chateaudebizy.com)* aus dem 18. Jh. Im Park, neben den Stallungen (heute ein Kutschenmuseum), stehen schöne Statuen. ▥ L4

10 GIVERNY ⭐ ☂

40 km östlich von Évreux/45 Min. über die N 13 und D 181

An der Mündung des Flusses Epte in die Seine steht im dörflichen Giverny eine der größten Attraktionen der Normandie: das einstige *Wohnhaus (April–Okt. tgl. 9.30–18 Uhr | fondation-monet.com)* des bedeutenden Impressionisten Claude Monet, in dem er von 1883 bis 1926 lebte, mit dem berühmten, auch für Kinder faszinierenden 👥 *Garten*. Dass der Meister selbst nie in Japan weilte, verzeihen die in großen Scharen einfallenden Touristen aus dem Land der aufgehenden Sonne gern – sie fühlen sich an der japanischen Brücke über dem romantischen Seerosenteich inmitten der üppigen Blütenfülle ohnehin pudelwohl.

Einen Besuch lohnt auch das vom Chicagoer Kunstmäzen Daniel J. Terra gegründete *Musée des Impressionnismes (99, Rue Claude Monet | gestaffelte Zeiten s. Website | mdig.fr),* in dem Wechselausstellungen rund um den Impressionismus zu sehen sind. Das lichtdurchflutete, moderne Gebäude lädt mit *salon de thé,* Restaurantterrasse, Garten, Kunstbuchhandlung und Veranstaltungen zum Verweilen ein.

Ein Caférestaurant mit besonderem Flair und Sommerterrasse im Schatten von Linden: Im früheren *Hôtel Baudy (April–Okt. tgl. | 81, Rue Claude Monet | Tel. 02 32 21 10 03 | restaurantbaudy.com | €€)* wohnten, speisten, feierten und malten die Monet-Anhänger aus aller Welt. Das simple Dekor der einstigen Kolonie blieb erhalten. Gönn dir eine Mittagspause im betörend duftenden alten Rosengarten!

NSIDER-TIPP
Wie bei Monets zu Hause

In Giverny selbst gibt es ein nettes Restaurant im nur zwei Gehminuten von Monets Garten entfernten Hotel *La Musardière (Di/Mi geschl. | 123, Rue Claude Monet | Tel. 02 32 21 03 18 | lamusardiere.fr | €€).* 🔲 *L4*

11 GISORS

65 km nordöstlich von Évreux/1¼ Std. über die D 316 und D 181

Die strategische Bedeutung der Stadt (12 000 Ew.) wird durch die große, gut erhaltene *Turmhügelburg (tgl. 9–17.30, Juni–Aug. bis 19.30 Uhr)* aus dem 11. Jh. erkennbar. Der Aussichtspunkt am Fuß der beiden Bergfriede gewährt einen schönen Rundblick. Sehenswert ist auch die Kirche *Saint-Gervais-et-Saint-Protais (tgl. 9–18 Uhr)* aus dem 13.–16. Jh. mit ihrem dreischiffigen Chor und dem prächtigen Renaissanceportal. 🔲 *L4*

12 ANET

35 km südöstlich von Évreux/45 Min. über die N 13, D 67, D 163

Am südöstlichen Ende der Normandie liegt das Städtchen an der Eure mit dem *Château d'Anet (April–Okt. Mi–Mo 14–18, Nov.–März Sa/So 14–17 Uhr | chateaudanet.com)* der Diane de Poitiers, Herzogin von Valentinois und Favoritin des Königs Henri II. Die gut erhaltenen Reste zeigen ein prunkvolles Renaissanceschloss mit einem großen Park, den ein 3 km langer Seitenkanal der Eure durchfließt. 🔲 *K–L5*

ROUEN

(🔲 K3) **Die Bedeutung der ⭐ Stadt an der Seine ist unumstritten. Sie ist mit 112 000 bzw. fast 500 000 Ew. (einschließlich eines großen Konglomerats von Vororten) die Hauptstadt der Region.**

Ihre Lage 90 km von der Küste entfernt lässt nicht vermuten, dass sie den fünftgrößten Seehafen Frankreichs besitzt. Jährlich tuckern über 3500 Schiffe den Strom hinauf und zum Meer zurück, denn Rouen ist wichtiger Umschlaghafen von Paris. Die Gezeiten machen sich bis Rouen deutlich bemerkbar.

Die „Stadt der 100 Kirchtürme" und 1000 Fachwerkhäuser hat eine 2000-jährige, wechselvolle Geschichte. Trauriger Höhepunkt war die Verbrennung von Jeanne d'Arc auf der Place du Vieux-Marché. Das reiche baukünstlerische Erbe mit den herrlichen sakralen Bauten, prachtvollen Schlössern und stolzen Bürgerhäusern bescherte Rouen den zweiten Beinamen „Museumsstadt" (zentrale Website für Rouens Museen: *rouen.fr/musees*).

SIGHTSEEING

PLACE DU VIEUX-MARCHÉ

Auf dem alten Marktplatz, der von normannischen Fachwerkhäusern und der an ein Wikingerschiff erinnernden, modernen Kirche Sainte-Jeanne d'Arc umrahmt ist, wurde am 30. Mai 1431 die Nationalheilige auf dem Scheiterhaufen verbrannt. Ein Denkmal ist ihrer Erinnerung gewidmet.

PALAIS DE JUSTICE

In der Rue aux Juifs befindet sich das prächtige Gerichtsgebäude, in dem früher das Parlament der Normandie tagte. Es is ist eines der seltenen zivilen gotischen Bauwerke Frankreichs, das zudem üppige Renaissancedekore aufweist.

GROS-HORLOGE

In der belebten Rue du Gros-Horloge befindet sich die in den Renaissancetorbogen eingebaute Gros-Horloge aus dem 16. Jh. Auf ihren beiden Seiten sieht man neben einer Wochenuhr die kunstvoll gestalteten Zifferblätter der noch heute exakt funktionierenden Uhr, deren Mechanismus du im Gebäudeinneren besichtigen kannst. Der ebenfalls zu sehende Mondkalender war wichtig, um abschätzen zu können, ob ein erwarteter Großsegler bis in den Hafen von Rouen würde fahren können oder nicht – die Mondphasen haben entscheidenden Einfluss auf die Gezeiten und damit den Wasserstand unter dem Kiel. Vom gotischen *beffroi* (Glockenturm) aus dem 14. Jh. genießt du einen Rundblick über den historischen Stadtkern. *April–Okt. Di–So 10–13 und 14–19, Nov.–März Di 10–13 und 14–19, Mi–So 14–18 Uhr*

KATHEDRALE
NOTRE-DAME DE L'ASSOMPTION

Mittelpunkt der Altstadt ist die gotische Kathedrale (12.–16. Jh.), ein besonders schönes unter den sakralen

Bauwerken Frankreichs – Monet malte sie gleich 28-mal! Sie beeindruckt durch ihre monumentale Fassade im Flamboyantstil, die von der *Tour de Saint-Romain* und der später rechts hinzugekommenen *Tour de Beurre* (16. Jh.) flankiert wird. Den Namen „Butterturm" verdankt er seiner Finanzierung durch eine Steuer, die auf während der Fastenperiode verzehrte Milchprodukte erhoben wurde. Der ebenfalls imposante Vierungsturm ist mit 151 m höchster Kirchturm Frankreichs. Verteilt auf die Türme läuten in

HISTORIAL JEANNE D'ARC
Auf fünf Etagen wird im mittelalterlichen einstigen Bischofspalast, wo ein Teil des Prozesses gegen Johanna stattfand und ihr Todesurteil verkündet wurde, die Geschichte der Jungfrau spannend aufgearbeitet. *7, Rue Saint-Romain | Di–So 10–19 Uhr | historial-jeannedarc.fr |* ⏱ *1½ Std.*

AÎTRE SAINT-MACLOU 📷
Östlich der Kirche Saint-Maclou, in der Rue Martainville, verbirgt sich hinter einem unauffälligen Durchgang ein

#Schaumalaufdieuhr: der Hashtag für deinen Instagram-Post der Gros Horloge

der Kathedrale 56 Glocken. Im Chor befinden sich mehrere Grabmäler, u. a. das von Richard Löwenherz. Im Sommer organisiert die Stadt ein nach Einbruch der Dunkelheit auf die Kathedralenfassade projiziertes 📷 Licht-und-Ton-Spektakel. *April–Okt. Mo 14–19, Di–Sa 8–19, So 8–18, Nov.–März Mo 14–18, Di–So 9–12 und 14–18 Uhr*

von Fachwerkhäusern umgebener Innenhof. Die Insignien der Totengräber im umlaufenden Fries des Gebäudekomplexes verraten es: Hier wurden die Pestopfer in ein Massengrab verbracht. Wenn angenehme Temperaturen herrschen, lässt es sich unter den Bäumen vorzüglich entspannen. Die Studenten der hier ansässigen Kunstakademie tun der Ruhe keinen Abbruch. *186, Rue Martainville | Tgl. 10–19 Uhr | Eintritt frei*

MUSÉE NATIONAL DE L'ÉDUCATION

In dem schönen Fachwerkbau erfährst du viel über die französische Kindheits- und Schulgeschichte seit dem 16. Jh. Der Eintritt ist frei! *185, Rue Eau-de-Robec | Mo und Mi-Fr 13.30–18.15, Sa/So 10–12.15 und 13.30–18.15 Uhr | 1 Std.*

SAINT-OUEN

Die Abteikirche *(abbatiale)* einer schon in der Karolingerzeit gegründeten Benediktinerabtei ist ein prunkvolles gotisches Bauwerk mit einem Vierungsturm im Flamboyantstil. Im Inneren sehr schöne Glasfenster und

eine große Orgel aus dem 16. Jh. Auf der Nordseite finden sich die Ruinen des Kreuzgangs. *Di–Do und Sa/So 10–12 und 14–17.30 (April–Okt. bis 18) Uhr*

MUSÉE LE SECQ DES TOURNELLES

Die einstige Kirche Saint-Laurent bietet bei freiem Eintritt einen würdevollen Rahmen für die weltweit größte Kunstschmiedesammlung (6000 Exponate). *2, Rue Jacques-Villon | Mi-Mo 14–18 Uhr | 1½ Std.*

MUSÉE DES BEAUX-ARTS

Reiche Gemälde- und Skulpturensammlung mit Werken u. a. von Veronese, Rubens, Caravaggio, Ingres, Monet und Degas. *26, Esplanade Marcel Duchamp | Mi-Mo 10–18 Uhr | mba rouen.fr | 1½ Std.*

MUSÉE FLAUBERT
D'HISTOIRE DE LA MÉDECINE

Das Geburtshaus Gustave Flauberts enthält Erinnerungen an den großen Literaten, aber auch eine interessante Ausstellung über Medizingeschichte – Flauberts Vater war Mediziner. *51, Rue de Lecat | Di–So 14–17.30 Uhr |* ⏱ *1 Std.*

ESSEN & TRINKEN

LA COURONNE

Die älteste Herberge Frankreichs mit Ursprung im 14. Jh. Ambiente und Küche rangieren auf hohem Niveau – unbedingt reservieren! *Tgl. | 31, Place du Vieux-Marché | Tel. 02 35 71 40 90 | lacouronne-rouen.fr | €€€*

BOULANGERIE BASTIEN

Exzellente und vor allem frische, hausgemachte Konditorwaren, Sandwiches und Backgenüsse, die du beim Bummel durch die Fußgängerzone „auf die Hand" genießen kannst. *Mo–Sa 6–19.30 Uhr | 29, Place de la Pucelle*

LA PÊCHERIE

Unter Fischfans *die* Adresse der Stadt. Das Restaurant direkt am Ufer der Seine lohnt aber auch wegen des eindrucksvollen Blicks, vor allem abends. *So/Mo geschl. | 29, Place de la Basse Vieille Tour | Tel. 02 35 88 71 00 | lapecherie. fr | €€€*

LA WALSHEIM

Das modern eingerichtete Restaurant in einem Fachwerkgebäude aus dem 15. Jh. serviert lokale Spezialitäten wie mit Käse, Apfel oder Calvados verfeinerte Fleischgerichte. *Tgl. | 260, Rue Martainville | Tel. 02 35 98 27 50 | la walsheim.fr | €–€€*

LA PETITE AUBERGE

Traditionelle französische Küche – Weinbergschnecken mit verschiedenen Saucen, Entrecôte mit Pfifferlingen, Entenbrust – in rustikalem Ambiente in einem schönen Fachwerkhaus. *So-Abend und Mo geschl. | 164, Rue Martainville | Tel. 02 35 70 80 18 | restaurant-la-petite-auberge.metro.rest | €€*

SHOPPEN

🌂 In Rouens Innenstadt lässt es sich herrlich shoppen. Rund um die Fußgängerzone der *Rue du Gros-Horloge* reiht sich ein Geschäft ans andere. Mit dabei sind natürlich auch hier die üblichen großen Marken und Ketten. Östlich von der Markthalle an der *Place du Vieux-Marché* befinden sich, parallel zur Fußgängerzone, aber auch viele kleine Boutiquen und Delikatessengeschäfte. Die berühmten Rouennaiser Fayencen und Kunsthandwerk bekommst du im ehemaligen Bibliotheksviertel an der Nordseite der Kathedrale. In der *Rue Saint-Romain,* an der *Place Barthélémy* und in der *Rue Martainville* gibt es zahlreiche 🌂 Antiquitätenläden, viele davon in schönen Fachwerkbauten – da lassen sich Regenschauer angenehm mit Shoppen und Schauen verbringen.

AUSGEHEN & FEIERN

Rouen ist Universitätsstadt und hat eine entsprechend aktive Szene. Neben Nachtbars wie *XXL Club (25/27, Rue de la Savonnerie)* mit schwulem Publikum oder *Le Saxo (11, Place Saint-Marc)* mit Konzerten regionaler Bands gibt es eine Reihe interessanter Discos: Gute Stimmung herrscht in den zwei Sälen des *La Suite (2, Rue Malherbe)* mit gemischtem Publikum. Aktuellen Bands bietet das *Le 106 (Quai Jean de Béthencourt | le106. com)* in einem sanierten Lagerhaus am Seineufer eine große und eine kleine Bühne. Außerdem gibt es hier ein Café und ein Radiostudio.

RUND UM ROUEN

🔢 CHÂTEAU DE VASCŒUIL
25 km östlich von Rouen/30 Min. über die N 31
In einer großen Grünanlage präsentiert sich das unter Denkmalschutz stehende Schloss aus dem 12. Jh. Im Schloss werden Werke und im Park Skulpturen zeitgenössischer Künstler ausgestellt. *Juli/Aug. tgl. 11–18, April–Juni und Sept.–Nov. Mi–So 14.30–18 Uhr | chateauvascoeuil.com | ⏱ 2½ Std. | 🗺 K3*

🔢 LYONS-LA-FORÊT
35 km östlich von Rouen/45 Min. über die D 42, D 18 und D 6
Fachwerkhäuser aus dem 17. und 18. Jh. bestimmen das Bild des Orts, der das Prädikat „eines der schönsten Dörfer Frankreichs" trägt. Der Komponist Maurice Ravel zog sich oft hierher

zurück; hier entstand die Orchestrierung des Konzerts „Bilder einer Ausstellung" von Modest Mussorgsky. Zudem diente der malerische Ort gleich zweimal als Kulisse für Verfilmungen von Flauberts Madame Bovary – 1932 drehte hier Jean Renoir, 1990 Claude Chabrol.
Mittelpunkt ist die offene Markthalle aus dem 15. Jh., in der auch kunsthandwerkliche Veranstaltungen stattfinden. Lyons eignet sich für Wanderer und Radfahrer gut als Ausgangspunkt in die umliegende Landschaft mit ihren ausgedehnten Buchenwäldern. Für die stilvolle Rast danach erwartet dich das Hotelrestaurant *Bistrot du Grand Cerf (Mo/Di geschl. | 27, Place Isaac Benserade | Tel. 02 32 49 50 50 | grandcerf. fr | €€€)*. Im urigen Gastraum mit schweren Holzbalken und offenem Kamin sowie auf der hübschen Terrasse wird hervorragende traditionelle, regionale Küche serviert. 🗺 *L3*

🔢 ABBAYE DE MORTEMER 🎭
35 km östlich von Rouen/50 Min. über Lyons-la-Forêt
In der Zisterzienserabtei soll 1884 eine Wolfsfrau ihr Unwesen getrieben haben, später gingen die Geister von vier während der Revolution massakrierten Mönchen um ... Den Pfad der Herzöge der Normandie im Park bewachen hölzerne Skulpturen von 13 adligen Herren und zwei Damen. Hier wird die normannische Geschichte auch für Kinder fassbar. *Außenanlagen April–Nov. tgl. 11–18, geführte Innenbesichtigung Juli/Aug. tgl., April–Juni und Sept./Okt. Sa/So 13.30–18 Uhr | abbaye-de-mortemer.fr | ⏱ 45 Min. | 🗺 L3-4*

Filmkulisse und Inspirationsquell eines berühmten Konzerts: Lyons-la-Forêt

16 LA HAYE-DE-ROUTOT

40 km westlich von Rouen/40 Min. über die N 338, A 13 und D 313

Die hiesige Bruderschaft der Brennnesselfreunde machte das kleine Dorf zu Frankreichs Hauptstadt der *ortie*. Regelmäßige Veranstaltungen belegen den Wert der zu Unrecht als Unkraut abgestempelten Pflanze für Garten und Küche. Auf dem Friedhof legen Ortsansässige ihre Hand flach auf die Rinde der beiden 1500-jährigen Eiben (je ca. 15 m Durchmesser!), um etwas von deren Lebensenergie aufnehmen zu können ... *J3*

17 PARC NATUREL RÉGIONAL DES BOUCLES DE LA SEINE NORMANDE

55 km bis Sainte-Opportune westlich von Rouen/45 Min. über die N 338, A 13 und D 89

Die normannische Postkartenidylle schlechthin: lichte Eichen- oder Buchenwälder, durchzogen von stillen Straßen und Wegen, dazwischen reetgedeckte Fachwerkhäuser (die schönsten in *Vieux Port* und *Aizier*), Windmühlen (z. B. bei *Hauville*) und immer wieder die Seine, die den Park in weiten Mäandern durchströmt. Keinesfalls versäumen solltest du den Aussichtspunkt von *Sainte-Opportune-la-Mare* nördlich von Pont-Audemer. *pnr-seine-normande.com J3*

18 PONT-AUDEMER

55 km westlich von Rouen/45 Min. über die N 338, A 13 und D 139

Das verträumt an der Risle liegende Städtchen (10 000 Ew.) verdankt seinen Charme den vielen Gassen mit ihren Fachwerkhäusern aus dem 16. Jh. Zwischen vielen Häuserschluchten befinden sich grachtenähnliche Wasserwege. In ihrer Mitte ragen die grandios angelegte, aber unvollendet gebliebene Kirche *Saint-Ouen* und die romanische Kirche *Saint-Germain* auf, beide aus dem 11. Jh. Die Stadt ist ein beliebter Ausgangspunkt für Ausflüge in die Sümpfe des Marais Vernier und die Wälder von Brotonne. *H4*

🔟 ABBAYE SAINT-WANDRILLE

35 km nordwestlich von Rouen/ 40 Min. über die A 150, D 6015, D 22 und D 263

Aus der in *Saint-Wandrille-Rançon* im Seinetal gelegenen Benediktinerabtei aus dem 7. Jh. wurden die Mönche immer wieder vertrieben, doch sie kamen jedes Mal zurück. Im Park sind die kleine Kapelle *Saint-Saturnin* aus dem 10. und die Ruinen der Abteikirche aus dem 13./14. Jh. sehenswert. Die Abteigebäude werden heute von Mönchen der Kongregation von Solesmes bewohnt und bewirtschaftet. Mit ihren eindrucksvollen gregorianischen Gesängen verschönern sie die Messen. *Ruinen und Kirche tgl. 5.15–13 und 14–21.15 Uhr, Führungen Juli/Aug. tgl. 11.30, 15 und 16, Ende März–Juni und Sept./Okt. 15.30, So auch 11.30 Uhr | st-wandrille.com | 🕐 2 Std. | J3*

🔢 ABBAYE DE JUMIÈGES ⭐ 🏳️🎭

28 km westlich von Rouen/35 Min. über die A 150, D 43, D 47 und D 982

Die großartige Abteianlage der Benediktiner aus dem 10./11. Jh. zählt zu den eindrucksvollsten Ruinen der Normandie und ist auch für Kinder spannend. Die beiden 46 m hohen Fassadentürme der Abteikirche *Notre-Dame* aus dem 11. Jh. lassen die ursprünglichen, riesigen Ausmaße des Bauwerks erkennen. Schöne präroma-

nische Teile zeigt die Kirche *Saint-Pierre* aus dem 14. Jh. In den bis heute erhaltenen Klostergebäuden sind die steinerne Treppe, Teile des Kapitelsaals und der Keller aus dem 12. Jh. zu besichtigen.

Bring etwas Zeit und vielleicht sogar ein Picknick mit, denn im schönen, weitläufigen Park lässt es sich herrlich spielen und entspannen. Beim Ticketschalter findest du eine große Auswahl an teils auch deutschsprachiger Literatur zu mittelalterlicher Architektur in der Normandie und zum Klosterleben. *Mitte April–Mitte Sept. tgl. 9.30–18.30, Mitte Sept.–Mitte April 9.30–13 und 14.30–17.30 Uhr | ab bayedejumieges.fr | 🕐 2½ Std. | J3*

🔢 SAINT-MARTIN-DE-BOSCHERVILLE

12 km westlich von Rouen/20 Min. über die D 6015 und D 982

Der Ort in einer Waldlandschaft hat große Geltung durch die mächtige Abteikirche im romanisch-normannischen Stil des Klosters *Saint-Georges de Boscherville (April–Okt. tgl. 9–18.30, Nov.–März 14–17 Uhr | abbaye-saint-georges.com)* aus dem 12. Jh. erhalten. Sehr schön ist die harmonische Rundbogenfassade des Kapitelsaals mit dem Kreuzgang. *J3*

DIEPPE

K2 **An der Mündung der Arques, eingebettet zwischen steilen Kreidefelsen, liegt ⭐ Dieppe, das älteste französische Seebad und eine**

Auch als Ruine noch beeindruckend: die Abtei von Jumièges an der Seine

der aktivsten Hafenstädte der Normandie (28 000 Ew.).

Dieppe war über Jahrhunderte ein strategisch wichtiger, oft umkämpfter Hafen – zuletzt 1942, als ein erster Landungsversuch der Alliierten scheiterte und fast 1000 kanadischen Soldaten den Tod brachte. Der Yachthafen ist derjenige mit der geringsten Entfernung nach Paris – das spürt man, wenn dort Ferien beginnen. Daneben legen Kreuzfahrt- und Fährschiffe aus England an. Hotels aller Kategorien finden sich entlang der Strandpromenade, der bis zu 2 km breite Strand liegt etwas außerhalb der Altstadt. Das alte Fischerviertel Le Pollet mit verwinkelten Gassen und engen Treppen liegt rechts der Arques. Die vier Hafenbecken sind durch teils bewegliche Brücken miteinander verbunden.

Auf der 1,5 km langen Strandpromenade läutete die Herzogin von Berry 1843 die Ära der europäischen Strandbäder ein. Wirf auch einen Blick in die Kirche *Saint-Jacques* (12.–16. Jh.) mit einem schönen Fries mit Darstellungen von Ureinwohnern aus Übersee.

SIGHTSEEING

PLACE DU PUITS SALÉ

Der kleine Platz mit seinem Brunnen ist der Mittelpunkt der Stadt. Er wird beherrscht von einem schönen normannischen Giebelhaus mit dem *Café des Tribunaux* aus dem 17. Jh. Unweit steht die Kirche *Saint-Rémy* aus dem 16./17. Jh. mit sehenswerten Holztäfelungen.

CHÂTEAU

Auf einem Fels im westlichen Teil der Stadt liegt die mächtige Festung aus dem 15. Jh., die zum Schutz gegen die Engländer gebaut wurde. Ältestes

Bauwerk ist der runde Westturm aus dem 14. Jh. Der viereckige Turm entstand erst im 17. Jh. In der Burg ist das sehenswerte *Musée de Dieppe (Juni–Sept. Mi–So 10–18, Okt.–Mai 10–12 und 14–17, So bis 18 Uhr)* eingerichtet, das eine Sammlung von Elfenbeinschnitzereien und Gemälde von Auguste Renoir, Georges Braque und Raoul Dufy enthält. *Rue de Chastes*

ESSEN & TRINKEN

LE TURBOT

Das maritim eingerichtete Restaurant im Hafen erfreut mit sehr guten Fischgerichten, z. B. Steinbuttfilet mit Steinpilzen, und tollen Desserts. *So/Mo geschl. | 10, Quai de la Cale | Tel. 02 35 82 63 44 | Facebook | €€*

LA COTRILLADE

Rund um das Herz aller Dinge – Fleisch – ist hier alles hausgemacht. *Mo geschl. | 1, Arcade de la Poissonnerie | Tel. 02 35 84 17 54 | lacotril laderestaurantterreetmer.eatbu.com | €–€€*

À LA MARMITE DIEPPOISE

Renommiertes Restaurant mit ausgezeichneten Fisch- und Krustentiergerichten. Legendär: der Fisch- und Meeresfrüchteeintopf, der dem Restaurant seinen Namen gab. *So-Abend und Mo geschl. | 8, Rue Saint-Jean | Tel. 02 35 84 24 26 | marmitedieppoise.fr | €€€*

LE NEW HAVEN

Meeresfrüchte, Fisch und Chips stilecht auf Zeitungspapier sowie weitere liebevoll und frisch zubereitete Fisch- und Fleischgerichte vor der Kulisse des Yachthafens. *Di/Mi geschl. | 53, Quai Henri IV | Tel. 02 35 84 89 72 | res taurantdieppe.fr | €€*

L'Ô2 MER

Zwischen Schwimmbad und Kieselstrand gelegenes Restaurant mit Terrasse. Auf der Karte stehen Fisch und Meeresfrüchte. *Tgl. | 101, Blvd. de Verdun | Tel. 02 35 86 57 42 | Facebook | €€*

SHOPPEN

Natürlich stehen alle Meeresprodukte im Vordergrund des Angebots. Jeden Samstagvormittag findet im Zentrum ein großer Wochenmarkt statt.

SPORT & SPASS

Auf der großen 👥 Grünfläche zwischen Strandpromenade und Boulevard de Verdun gibt es Karussells, Minigolf und einen Spielplatz.

LES BAINS DE DIEPPE 👥

Nach dem Stadtbummel und vor dem Abendessen noch eine Runde Schwimmen mit Blick auf die Burg? Gleich gegenüber vom Mercure-Hotel befindet sich dieser Sport- und Freizeitkomplex mit Hallen- und Freibad (50-m-Bahn), Wellness- und Fitnessbereichen und dem größten Spa Frankreichs. Alle Schwimmbecken haben übrigens einen 60-prozentigen Anteil Meerwasser. *101, Blvd. de Verdun | stark gestaffelte Zeiten s. Website | lesbains dedieppe.fr*

Was für ein Trumm! Im 15. Jh. wurde noch solide gebaut: Château in Dieppe

STRÄNDE

Mit seinem breiten Kieselstrand brachte Dieppe es Mitte des 19. Jhs. zum ersten Seebad Frankreichs. Zum Liegen ist der Untergrund weniger bequem, aber das Wasser ist sehr sauber und man kann wunderbar Steine suchen und dem Geräusch des zwischen ihnen zurücklaufenden Wassers lauschen.

RUND UM DIEPPE

22 EU

35 km nordöstlich von Dieppe/ 40 Min. über die D 925

Die Stadt (6700 Ew.) mit dem sonderbaren Namen spricht sich „Ö" und ist Gegenstand teils derber Sprachwitze.

Die Bäume im nahen Urwald *Basse Forêt* sollen teils direkte Nachfahren prähistorischer Pflanzen sein. Am Aussichtspunkt auf dem Plateau über der Stadt steht die Kirche *Notre-Dame-et-Saint-Laurent* aus dem 12. Jh., ein eindrucksvolles Beispiel normannischer Frühgotik. Mittelpunkt der Stadt ist das von einem klassischen französischen Garten umrahmte Renaissanceschloss *Château d'Eu* aus dem 16. Jh. Das Restaurant *La Ferme Modèle du Parc (tgl. | 95, Route du Tréport | Tel. 02 35 50 52 52 | domaine-joinville. com | €€€)* im Hotel *Domaine de Joinville* in einem ehemaligen Jagdschlösschen serviert gehobene regionale Küche. *K1*

23 LE TRÉPORT

32 km nordöstlich von Dieppe/ 35 Min. über die D 925 und D 940

Die Hafenstadt (4600 Ew.) liegt romantisch zu Füßen der hohen Felsen-

Catwalk für Lighthouse-Spotter: Damm zum Leuchtturm in Le Tréport

klippen in reizvoller Umgebung. Wie der benachbarte Badeort *Mers-les-Bains* bietet sie ein gesundes, jodhaltiges Klima. Wenige Kilometer entfernt liegt der Aussichtspunkt *Calvaire des Marins* mit schönem Rundblick. Die Hochplateaus über der Stadt kannst du auch mit der restaurierten historischen *Standseilbahn* erreichen – kostenlos! ⌑ K1

24 CHÂTEAU DE MIROMESNIL

10 km südlich von Dieppe/15 Min. über die N 27, D 915 und D 54

1850 im Château de Miromesnil geboren, verbrachte der Schriftsteller Guy de Maupassant seine ersten drei Lebensjahre auf dem Schloss. Vier Jahrhunderte Architekturgeschichte lassen sich an der imposanten Anlage ablesen. Der Park besitzt einen Gemüsegarten, der in schönem Kontrast zum englischen Stil rundherum steht. *April–Sept. und frz. Herbstferien. tgl.*

10–12 und 14–18 Uhr | chateaumiro mesnil.com | ⏱ 1½ Std. | ⌑ K2

25 POURVILLE-SUR-MER

5 km westlich von Dieppe/20 Min. mit dem Rad über die D 75

In dem entzückenden kleinen Badeort mündet das Flüsschen Scie ins Meer. An der ruhigen, breiten 🌴 *Plage de Pourville* kieselt es wie überall in der Gegend. Dennoch ist sie ein perfekter Ort für einen entspannten Tag am Meer: Es geht hier sehr viel ruhiger zu als im nahen Dieppe und bunte Badehäuschen und die breite Promenade mit ebensolcher Kaimauer zum Sonnen machen den zwischen hohen Klippen gelegenen Strand zu einem Ort mit viel Atmosphäre. An der Promenade zeigen Schilder, wie z. B. Claude Monet ihn sah und malte. Entlang der Küstenstraße gibt es diverse Restaurants. Besonders nett sitzt man auf der Terrasse des Fischrestaurants

Les Régates (tgl. | 30, Rue du Casino | Tel. 02 35 84 11 33 | Facebook | €€) bei einem Teller Austern, einem Topf Muscheln oder einem üppigen Salat zum Meerblick. ⏉ *K2*

26 VARENGEVILLE-SUR-MER

10 km westlich von Dieppe/15 Min. über die D 75

In diesem von Hecken eingefassten Künstlerdorf hoch an der Steilküste sind der im 16. Jh. im Stil einer italienischen Villa gestaltete *Manoir d'Ango (Mai–Sept. tgl., April und Okt. Sa/So 10–12.30 und 14–18 Uh | manoirdango.com)* und die schlichte, kleine Kirche mit einem Glasfenster von Georges Braque sehenswert. Sein Grab ist auf dem über dem Meer angelegten Dorffriedhof zu sehen. Ein Besuch lohnt sich wegen des herrlichen Blicks über Küste und Klippen. Blütenpracht, Riesenrhododendren, Wiesen und versteckte Pfade erwarten dich im Blumenpark 🌳 *Bois des Moutiers* auf den Felsen von Varengeville, der leider bei Redaktionsschluss wegen Restaurierungsarbeiten geschlossen war. ⏉ *J–K2*

27 VEULES-LES-ROSES

25 km westlich von Dieppe/30 Min. über die D 925

Die einst von 35 eleganten Strandvillen gesäumte Uferpromenade wurde 1940 durch Kämpfe gegen die einrollende Panzerdivision der deutschen Besatzer zerstört. Was an historischer Bausubstanz erhalten geblieben ist, lohnt allerdings immer noch den Weg. Das malerische Städtchen liegt links und rechts des mit 1 km Länge kürzes-

ten Flusses Frankreichs, der Veules, im Einschnitt zwischen schneeweißen Kalkfelsen. Ein hübscher Spazierweg führt am Flüsschen entlang. An den Tischen vor dem hübschen *Bistrot des Roses (Mo/Di geschl. | 4, Rue Docteur Pierre Girad | Tel. 02 27 13 03 32 | €)* kannst du das Geschehen bei hausgemachten Spezialitäten beobachten. Die kleine Karte wechselt häufig, aber auf einen Topf Muscheln oder eine Platte köstlicher Wurstwaren kannst du zählen. ⏉ *J2*

FÉCAMP

(⏉ *H2*) **Von Strand und Felsen eingerahmt, liegt das alte Seebad (18 000 Ew.) am Ausgang eines Tals im Pays de Caux.**

Vom Aussichtspunkt an der D 79 nördlich des Hafens bei der Kapelle *Notre-Dame de Salut* bietet sich ein tolles Panorama auf die Alabasterküste. Mit der einstigen Abteikirche *Sainte-Trinité* aus dem 12. Jh. und ihrem mächtigen frühgotischen Folgebau war der Ort ein viel besuchter Wallfahrtsort.

Fécamp war im 18. und 19. Jh. die Hauptstadt der normannischen Kabeljaufischerei. Der Fisch war eine der Säulen der normannischen Wirtschaft, ganze Orte lebten davon. Die *Grande Pêche* genannte Fangsaison ging wegen der Gefährlichkeit der winterlichen Gewässer nur von April bis September. Kehrten Väter, Ehemänner, Brüder, Söhne bis dahin nicht heim, schwand die Hoffnung bald, dass sie es je täten.

Land Art, designed by Erosion: Kreideformationen bei Étretat

SIGHTSEEING

MUSÉE LES PÊCHERIES

In einer Fabrik im Hafen, in der einst der Kabeljau verarbeitet und Hering geräuchert wurde, ist das sehr sehenswerte, interaktive Fischereimuseum untergebracht. Vom Glasaufbau auf dem Dach mit Aussichtsplattform geht es über fünf Ebenen ins Parterre, vorbei an prähistorischen und römischen Funden, durch die Stube einer Fischerfamilie bis zu Gemälden, die Eigner von ihren Schiffen malen ließen. *Mi–Mo, Mai–Mitte Sept. tgl. 10–18 Uhr | 3, Quai Capitaine Jean Recher | ville-fe camp.fr |* ⏱ *1½ Std.*

MUSÉE DE LA BÉNÉDICTINE

In der Altstadt steht das prachtvolle Anwesen, in dem der bekannte Likör aus Kräutern der Region destilliert wird. Firmengründer Alexandre Le Grand trug zudem eine erstaunliche Sammlung zusammen, die neben sakralen Kunstwerken wie Taufbecken aus dem Mittelalter Bottiche voller Kräuter für den Benediktiner sowie skurrile Werbeplakate und gefälschte Flaschen aus aller Welt zeigt. *110, Rue Alexandre-le-Grand | tgl. 10.30–12 und 14–17 Uhr | benedictinedom.com |* ⏱ *1 Std.*

ESSEN & TRINKEN

LA PLAISANCE

Ansprechend präsentierte Schalentiere, leckere Muscheln und gute Fleischgerichte in freundlicher Atmosphäre. *Tgl. | 33, Quai Vicomté | Tel. 02 35 29 38 14 | €€*

LE DANIEL'S

Das Lokal nur ein paar Schritte vom Fischereimuseum punktet mit vorzüglicher Küche, täglich wechselnder Karte und gut gefüllten Tellern. *So/Mo geschl.* | *5, Place Nicolas Selle* | *Tel. 02 76 39 95 68* | *€–€€*

LE RELAIS DES DALLES

15 km nordöstlich in *Sassetot-le-Mauconduit* findest du im gleichnamigen Hotel dieses vorzügliche Restaurant mit klassischer französischer Küche. *Mi-Mittag, So-Mittag und Mo/Di geschl.* | *6, Rue Elisabeth II d'Autriche* | *Tel. 02 35 27 41 83* | *lerelaisdesdalles.fr* | *€€€*

SHOPPEN

CHOCOLATS HAUTOT

Probier im Geschäft in der Stadt *(5–7, Rue André-Paul Leroux)* oder, auf der D 150 Richtung Dieppe, im Ladenverkauf nebst eigenem kleinem 👥 *Musée du Chocolat (851, Route de Valmont* | *Mo–Sa, Juli/Aug. tgl. 9–12 und 14–18.30 Uhr* | *chocolatshautot.com)* vor allem die Schokokapseln mit bis zu 85 Prozent Kakaoanteil oder die „Utensilien" aus dem „Werkzeugkasten" …

RUND UM FÉCAMP

28 ÉTRETAT ⭐

16 km westlich von Fécamp/25 Min. über die D 940

Aus einem stillen Fischerdorf hat sich ein lebendiger Badeort (1200 Ew.) entwickelt, der viele Besucher anzieht – vor allem wegen der grandiosen 🚩 Naturkulisse aus weißem Kalkgestein links und rechts des Kieselstrands. Um deine Nerven und auch die Umwelt zu schonen, solltest du besser nicht in den engen Gassen des Orts nach einem Parkplatz suchen. An der Rue Guy de Maupassant (D 39) ca. 400 m vom Ortszentrum entfernt befindet sich ein großer Parkplatz. Der Ort hat eine schön restaurierte hölzerne *Markthalle*.

Südwestlich erhebt sich das Kap *Falaise d'Aval* mit Blick auf die Felsnadel *Aiguille* und den aus den Klippen ins Meer hineinragenden Torbogen *Manneporte*. Auf der nordöstlichen Seite eröffnet sich von der *Falaise d'Amont* ein herrlicher Rundblick auf den Ort und die fotogenen Gesteinsformationen gegenüber. Die dort in den Himmel ragende Spitze erinnert an die wagemutigen Piloten Charles Nungesser und François Coli, die 1927 auf ihrem Atlantikflug nach New York noch vor Charles Lindbergh als Pioniere in die Luftfahrtgeschichte eingegangen wären – wären sie nicht über Étretat das letzte Mal gesehen worden … Den Aussichtspunkt erreichst du am besten zu Fuß oder kräfteschonend von der Markthalle mit dem 👥 *Petit Train (April–Sept. tgl. 10–17 Uhr* | *le-petit-train-etretat.com)*. Auf den Klippen erstrecken sich schöne Spazierwege. 4 km nordöstlich, am Cap de Belval, gibt es mit der *Aiguille Belval* eine weitere Felsnadel zu bewundern.

In einer eleganten Villa mit Terrasse empfängt das Sternerestaurant *Le Donjon (Mo/Di und außer Fr–So mittags geschl.* | *Chemin de Saint-Clair* | *Tel. 02 35 27 08 23* | *hoteletretat.com* | *€€€)* auf einem Hügel und erfreut mit saisonalen Spezialitäten. Direkt am Meer kehrst du im *Le Homard Bleu (tgl. | Front de Mer | Tel. 02 35 27 07 34 | Facebook | €–€€)* ein: Große, helle Säle mit breiten Glasfronten öffnen den Blick auf Promenade, Klippen und Meer. Zum

INSIDER-TIPP
Mehr Meer

🐚 All-you-can-eat-Tarif von knapp 15 Euro gibt es Muscheln, so viel du möchtest (reservieren!).

Die 🏖 *Plage d'Étretat* direkt im Ort ist mit ihren groben Kieseln zwar nichts für zarte Füße, überzeugt aber durch ihr grandioses Panorama. Bei Ebbe lassen sich die Durchbrüche in den Klippen aus der Nähe erkunden. Auch für ein großes Angebot an Wassersport ist gesorgt, u.a. Windsurfen, Wellenreiten, Kajakfahren. Die ruhigere, südlich in der nächsten Bucht gelegene 🏖 *Plage d'Antifer* in *Le Tilleul,* ebenfalls mit Kieseln, bietet eine andere Perspektive auf die Klippen von Étretat. Allerdings ist sie nicht ganz leicht zu erreichen, nur ein Fußpfad führt in die Bucht. Lohn des Spaziergangs ist die spektakuläre Kulisse des Strands vor den Klippen. *H2*

LE HAVRE

(🗺 H3) ⭐ **Le Havre an der Nordseite der 9 km breiten Seinemündung verdankt seine Gründung und Entwicklung der Verlandung des flussaufwärts liegenden alten Hafens von Harfleur.**

Heute ist die Hafen- und Industriestadt (168 000 Ew.) der wichtigste Au-

WOHIN ZUERST?

Neben dem Bahnhof, wo auch die Busse u. a. aus Deauville, Honfleur, Caen und Fécamp ankommen, fahren Stadtbusse in die City, die du auch in etwa einer Viertelstunde zu Fuß erreichst. Dort steuerst du zunächst am besten die beiden zentralen Plätze **Espace Oscar Niemeyer** und **Place de l'Hôtel de Ville** an. Parken ist an den vielen Hafenbecken kein großes Problem.

ßenhandels- und Containerhafen Frankreichs und ein wichtiger Verkehrsknotenpunkt. Die Englandfähre erreicht von hier nach fünfeinhalb Stunden Portsmouth. Kreuzfahrtschiffe legen regelmäßig am einstigen Transatlantikterminal an. Und auch auf der Seine ist etwas los. Wer sich im Tal der Seine an beiden Ufern umschauen und bei der Überquerung Geld sparen möchte, nimmt eine der acht 🐚 Fähren, die auf dem Abschnitt zwischen Rouen und Le Havre linkes und rechtes Ufer verbinden. Das ist billiger als die Brückenmaut – sechs sind sogar ganz kostenlos – und sorgt für die passende Binnenschifferatmosphäre. 1945 wurde die Stadt fast vollständig zerstört und unter der Regie des Architekten und „Poeten des Beton" Auguste Perret, zu dessen Schülern Le Corbusier gehörte, in der Folge neu aufgebaut. Er löste diese schwierige Aufgabe wider alle Kritik mit Bravour: Der mit 150 ha großzügige Innenstadtgrundriss vermittelt ein Gefühl von Weite und Schwerelosigkeit – passend zum Meer. Das Ensemble mit seinen 12 000 Wohnungen, Geschäften, Verwaltungs-, Kultur- und religiösen Einrichtungen gehört zum Unesco-Welterbe.

Um die Architektur Perrets zu verstehen, empfiehlt sich der ☂ geführte Besuch des Musterappartements *(appartement témoin)*. Bei diesem Schnellkurs für modernes Wohnen erfährst du über das Interessantes über Designkunst, optimale natürliche Ausleuchtung, integrierte Küchen und Bäder, Zentralheizung via Pressluft oder zeitgenössische Komfortausstattung.

INSIDER-TIPP
Ausflug in die 1950er-Jahre

Treffpunkt: *Maison du Patrimoine | 181, Rue de Paris | Juli/Aug. tgl. 10, 14.30, 15.30 und 16.30, April–Juni und Sept. Mo–Fr 15.30 und 16.30, Sa/So 10, 14.30, 15.30 und 16.30, Okt.–März Mi und Fr 15.30 und 16.30, Sa 14.30,* 15.30 und 16.30, So 10, 14.30, 15.30 und 16.30 Uhr | Reservierung unter short.travel/nmd8*

Eine neue Brücke hat die alten Trockendocks in Reichweite der Innenstadt gerückt. Seither wurde das *Quartier de l'Eure* zu einem lebendigen Viertel mit Ladenpassagen, Cafés, Kinos, Hotels und Büros. Heute schwer vorstellbar: Le Havre ist auch die Wiege des Impressionismus. Claude Monet malte sein *Impression, Soleil levant* („Impression, Sonnenaufgang") hier, nahe der Stelle im Hafen, wo sich heute der Kontrollturm Semaphor erhebt.

SIGHTSEEING

LE VOLCAN & ESPACE OSCAR NIEMEYER

Schon von Weitem erkennt man den markanten weißen Beton-„Vulkan".

Ein Kulturzentrum, das an einen Joghurtbecher erinnert: Oscar Niemeyers Volcan

La Taverne Paillette

Sainte-Adresse

La Petite Rade

Country Club

Hôtel de Ville

Jean Luc Tartarin

Saint-Joseph

Le Volcan & Espace Oscar Niemeyer

Bassin du commerce

Quai George V

Quai Lamblardie

Maison de l'Armateur

Kathedrale Notre-Dame

Bassin de la Manche

Musée d'Art Moderne André Malraux

Hafen

300 m
328 yd

1982 nach dem Entwurf von Oscar Niemeyer errichtet, prägt er das Gesicht des nach dem brasilianischen Architekten benannten Platzes. Der Kulturkomplex beherbergt das Theater *Le Volcan* (levolcan.com) und die *Bibliothèque Oscar Niemeyer*. Direkt gegenüber liegt das alte Hafenbecken *Bassin du Commerce* mit dem internationalen Handelszentrum.

HÔTEL DE VILLE

Nur ein paar Schritte vom Espace Oscar Niemeyer erstreckt sich die große *Place de l'Hôtel de Ville* zu Füßen des an sozialistische Bauten erinnernden Rathauses mit seinem 72 m hohen Panoramaturm. In den Grünanlagen an ihrem Rand erinnert ein Ehrenmal an die Résistance während der deutschen Besatzung.

MAISON DE L'ARMATEUR

Eine mondäne Reedervilla aus dem 18. Jh. im Herzen der Innenstadt wurde mit viel Geschick und Geschmack zum Museum für Stadtgeschichte umgewandelt. *3, Quai de l'Île | April–Okt. Mi–Mo 10–12.30 und 13.45–18, Nov.–März 10.30–12.30 und 13.45–17.30 Uhr | ⏱ 1½ Std.*

KATHEDRALE NOTRE-DAME

Eines der wenigen erhaltenen Gebäude aus der Gründerzeit Le Havres. Die Kathedrale aus dem 16. Jh. weist wegen mehrfacher Beschädigung keinen einheitlichen Baustil auf. Daher wirkt sie einerseits gotisch, die Fassade jedoch zeigt bereits starke Renaissanceeinflüsse. Nach dem Zweiten Weltkrieg wurde die Kirche restauriert. *Tgl. 8–18 Uhr*

MUSÉE D'ART MODERNE ANDRÉ MALRAUX ☀️

Im hellen Glas-, Stahl- und Betonbau des Kunstmuseums präsentieren sich beeindruckende Sammlungen, z.B. des Impressionismus (etwa 300 Werke von Boudin, sechs Monets, sieben Pissarros), des Fauvismus oder der Kubisten. In den Wintermonaten kannst du vom Museumscafé aus Sonnenuntergänge über dem Meer und die Ausfahrt großer Schiffe beobachten. *2, Blvd. Clémenceau | Di–Fr 11–18, Sa/So 11–19 Uhr | muma-lehavre.fr |* ⏱ *1 Std.*

SAINT-JOSEPH

Als Auguste Perret den Auftrag erhielt, die komplette City Le Havres wieder aufzubauen, ersetzte er auch diese im Krieg zerstörte Pfarrkirche. Logisch, dass auch sie aus Beton erbaut ist – 50000 t wurden verbaut. Ihr 109 m hoher, achteckiger Turm, weithin wie ein Leuchtturm sichtbar, erinnert an die maritime Bedeutung der Stadt. Die 6500 bunten Glasfenster von Marguerite Huré tauchen den Innenraum je nach Sonnenstand laufend in ein anderes Licht. *Tgl. 10–18 Uhr außer bei Messen*

SAINTE-ADRESSE

Die früher blühende Hafenstadt, ein Vorort von Le Havre an der Küstenstraße nach Étretat, ist heute ein Seebad, das den Besuch u. a. wegen des schönen Rundblicks vom Aussichtspunkt bei der neugotischen Kapelle Notre-Dame-des-Flots lohnt. Vorgelagert sind die Felsformationen des Cap de la Hève sowie das alte Fort de Sainte-Adresse.

HAFEN

Der Seehafen Le Havres mit 1100 Becken und 30 km Kais ist immens. Er erstreckt sich auf einem 5 km breiten Streifen über 27 km von West nach Ost und bedient mit 75 regelmäßigen Linien 700 Seehäfen in der ganzen Welt. Der nach Marseille zweitgrößte Hafen Frankreichs ist mit mehr als 16 000 Arbeitsplätzen auch ein bedeutender Arbeitgeber. Als Tiefwasserhafen ist er von den Gezeiten unabhängig – die Terminalkais seines Containerhafens Port 2000 nehmen die weltgrößten Containerfrachter auf.

HAFENRUNDFAHRT

Eine anderthalb Stunden lange Hafenrundfahrt durch den alten Hafen oder den Port 2000 kannst du auf einem Motorboot unternehmen. *Termine und Buchung Tel. 06 16 80 24 10 | visiteduport-lehavre.fr*

JEAN LUC TARTARIN

Der Stolz der Stadt ist dieses zweifach besternte Restaurant mit freundlichem, ungezwungenem Service, in dem sich ein besonderer Tag mit einem sensationellen Steak mit Zwiebelconfit und Ingwerpfeffer feiern lässt – oder Hummer von der Alabasterküste mit weißem Spargel und Bärlauchemulsion. *So/Mo geschl. | 73, Av. Foch | Tel. 02 35 45 46 20 | jeanluc-tartarin.com | €€€*

LA TAVERNE PAILLETTE

In der Traditionsbrasserie in der Nähe des Rathauses stehen außer Meeresfrüchteplatten und Muscheln auch vielseitige Burger und andere Fleischspezialitäten auf der Karte. *Tgl. | 22, Rue Georges Braque | Tel. 02 35 41 31 50 | taverne-paillette.com | €€*

COUNTRY CLUB

Der Name klingt exquisit und auch die tolle Aussicht auf die Seinemündung lässt gesalzene Preise befürchten. Aber keine Angst: Das solide Dreigängemenü ist bezahlbar. Fisch und Meeresfrüchte bilden das Rückgrat der Karte, Fleischliebhaber bestellen Lammragout oder Geflügel. *So-Abend und Mo geschl. | 26, Rue du Fort | Tel. 02 35 44 10 00 | countryclub.fr | €–€€*

LA PETITE RADE

Das Restaurant mit Bar in *Sainte-Adresse* lockt mit einer schönen Terrasse mit Meerblick und schneller, guter Küche (Tapas, Burger, Wraps) sowie Cocktails.

Tgl. | 3bis, Chemin de la Mer | keine Reservierungen | Facebook | €

SHOPPEN

Wie in vielen Hafenstädten ist das vormalige Hafengebiet einer neuen Nutzung zugeführt worden. Interessant ist die dabei entstandene Mischung der altehrwürdigen Architektur der Docks mit dem Einkaufszentrum *Docks Vauban (70, Quai Frissard | docksvauban. com)*. 50 Geschäfte großer und weniger großer Marken, Restaurants und ein Kino buhlen hier, teils auch sonn- und feiertags, um die Gunst der Kunden. Individueller geht es in der *Galerie MS Photographie d'Art (74, Rue d'Estimauville | studio ms.fr)* zu, wo du einen Teil der insgesamt über 80 000 Fotos von Schiffen aus aller Herren Ländern und Epochen findest.

INSIDER-TIPP
Schiffsparade

Wie cool ist das denn: Wer Schwimmbäder 80er findet, war noch nicht in den Bains des Docks

Komplettiert wird das Angebot von Fotos der Stadt gestern und heute. Keine billigen, aber außergewöhnliche Souvenirs!

SPORT & SPASS

Zahlreiche *clubs nautiques* bieten Segel-, Tauch-, Kajak- oder Surfkurse an. In den 👕🌂 *Bains des Docks (Quai de la Réunion | Mo–Sa 10–20, Fr bis 22, So 9–19 Uhr | les-bains-des-docks. com)* reichert Architekt Jean Nouvel das in die Neuzeit verfrachtete Prinzip der römischen Thermen mit Spaß- und Wellnessbereichen an.

STRÄNDE

Die kieselige *Plage du Havre* mit ihren charakteristischen bunten Badehäuschen kann sich für eine Innenstadtlage absolut sehen lassen. Beachvolleyballnetze, zahlreiche Bars und Cafés sowie Parkmöglichkeiten stehen bereit. Skater, BMXler und Longboardfahrer zieht es in Frankreichs größten *Skatepark (tgl. 8–22 Uhr)* mit einem 1200 m² großen Bowl.

AUSGEHEN & FEIERN

Le Havre ist eine lebendige Stadt mit reichem Kulturleben. Es gibt allein sechs Theater, darunter die Nationalbühne *Le Volcan (Tel. 02 35 19 10 20 | levolcan.com),* außerdem gut zwei Dutzend *cafés-concerts* (Konzertsäle mit kulinarischem Angebot) und natürlich diverse Kinos, Diskotheken wie das *Coyote Café (31, Rue d'Iéna | Facebook)* sowie Bars. Im Juli finden am

Wochenende Veranstaltungen *(estivals)* am Strand statt.

RUND UM LE HAVRE

🟦 HARFLEUR

12 km östlich von Le Havre/20 Min. über die D 6015

Der Vorort (8300 Ew.) am östlichen Stadtrand wird wegen seines bunten Sonntagsmarkts gern besucht. Im Mittelpunkt steht die berühmte fünfschiffige gotische Prioratskirche *Saint-Martin (tgl. 9–19 Uhr)* aus dem 15. Jh. Nur 2 km entfernt, auf einer Anhöhe über der Seine und umgeben von einem schönen *Park (April–Mitte Dez. Fr–Mi 8 –20, Mitte Dez.–März So 9–17 Uhr),* liegt das *Château d'Orcher (Juli–Mitte Aug. Di–So 14–18 Uhr | chateaudorcher.com).* In der früheren Festung fällt der mächtige Wehrturm auf. Von hier wurde die Einfahrt in die Seine überwacht. 📖 *H3*

🟦 ABBAYE DE MONTIVILLIERS

12 km nordöstlich von Le Havre/ 25 Min. über die D 52

Die Abtei ist eines der seltenen Frauenklöster der Normandie: 684 gegründet, von den Wikingern zerstört, im 11. Jh. neu errichtet, bis 1792 Kloster, dann u. a. Gefängnis und Garnison. Der Rundgang vermittelt eindrucksvoll Einblick in Tagesablauf, Räume und Alltagsutensilien der Nonnen. *Sept.–Juni Sa/So 14–18, Juli/Aug. Di–Fr 10–12.30 und 14–18, Sa/So 14–18 Uhr | abbaye-montivilliers.fr |* 📖 *H3*

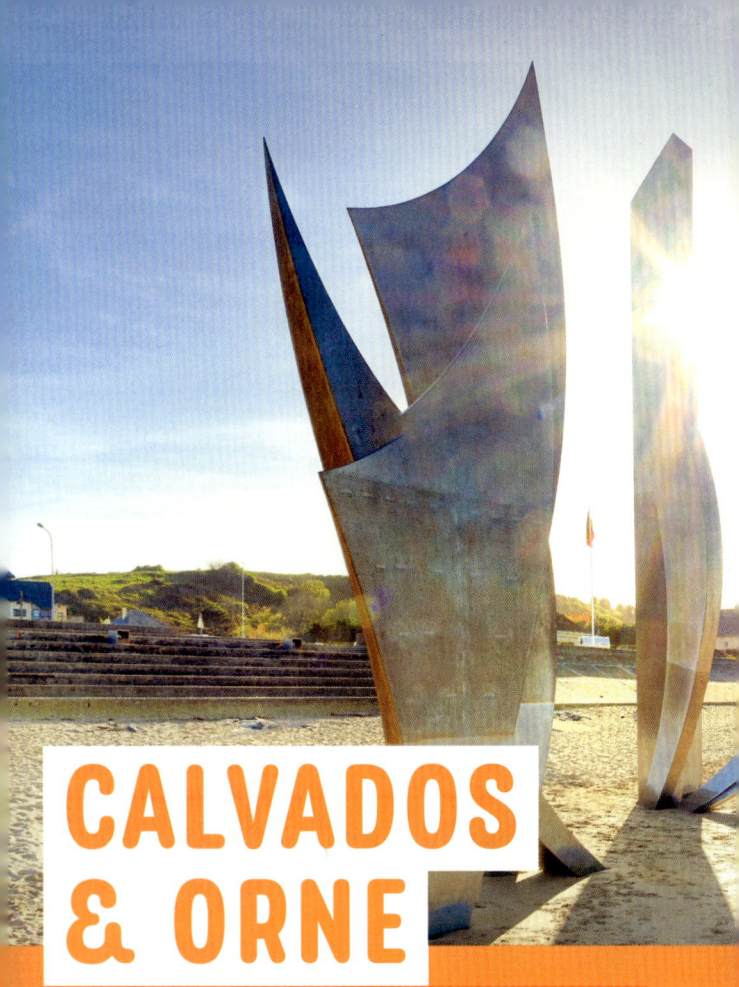

CALVADOS & ORNE

ENDLOSE SANDSTRÄNDE MIT GESCHICHTE

Wind, Wellen, Wiesen und Wälder: Die kilometerlangen, breiten Sandstrände und schicken Seebäder des Calvados begeistern Badeurlauber und Meeresanbeter, grüne Auen und besonders viel Fachwerk in der Orne die Naturliebhaber und Romantiker. Die Côte Fleurie, die „Blumenküste", lockt mit dem exklusiven Deauville ebenso wie mit familiären Badeorten. Etwas bescheidener geben sich die Urlaubsziele an der Côte de Nacre, der „Perlmuttküste". Ihre flachen Sandstrände werden Plages de Débarquement genannt,

Mahnmal am Omaha Beach, einem der alliierten Landungsstrände 1944

denn hier landeten im Juni 1944 die Alliierten. Bunker und Soldatenfriedhöfe sind Zeugen jener dramatischen Geschehnisse.
Das Hinterland des Calvados ist die grüne Lunge der Normandie.
Hier leben mehr Apfelbäume als Menschen. Sie bilden die Grund-
lage des hier hergestellten Apfelbranntweins. Der Name des Departements geht auf in lateinischer Sprache erstellte Seekarten zurück.
Auf ihnen hieß dieser hügelige Teil der Küste aufgrund der damals
spärlichen Vegetation „kahler Rücken" *(calva dorsa)*.

CALVADOS & ORNE

LA MANCHE

Côte de Nacre
S. 97

Pointe du Hoc **43**

Omaha Beach **41**
Saint-Laurent-sur-Mer **42**
Colleville-sur-Mer **41**
Port-en-Bessin **40**
Arromanches-les-Bains **39**

Carentan
L'Aure

Tour-en-Bessin **34**
Tapisserie de Bayeux ★
● **Bayeux**
S. 94

Creully **37**
Château de Fontaine-Henry **27**
Ouistreham
Ranville

N13
Mémorial de Caen ★

● **Caen** ★
S. 89

Château de Balleroy **35**
D572

Saint-Lô

A84
L'Odon

Vieux **31**

Schiefermine Souteroscope des Ardoisières **36**

NORMANDIE

D562

D999

D577

Viaduc de la Souleuvre **33**

Suisse Normande **30**

D674

A84

D511

D524
Vire **32**
D512

La Vire

La Rouvre
D924

D524

Flers

D962

D999
D977

D916

D976

Domfront **20**

BRETAGNE

D977

D976

La Mayenne

100 km, 1 Std. 35 Min.

D23

PAYS DE LA LOIRE

15 km
9.32 mi

○ Fougères

N12

125 km, 1 ½ Std.

1 35 km, 1 ½ Std.

N13
N174
N158

Montivilliers

A29

Le Havre

A131

Pont de Normandie ★

Côte Fleurie ★
S. 77

1

La Seine

Plage de
Deauville

Grande Plage
de Trouville

Honfleur ★
S. 74

Plage de
Cabourg

5 Trouville
Deauville

Plage de
Villers

2 3
Cabourg

Divers-
sur-Mer

Villers-
sur-Mer

8

7 Pont-l'Évêque

A13

Beaumont-
en-Auge

P a y s d ' A u g e
S. 80

18 Beuvron-en-Auge

17 Cambremer

D45

9 Lisieux

D613

Crèvecœur-
en-Auge

16

Château de Saint-
Germain-de-Livet

10

D519

15

Mézidon-
Canon

La Dives

14 Saint-Pierre-
sur-Dives

11

Livarot

13 Château
Vendeuvre

D579

La Touques

70 km, 1 Std.

Camembert 12

110 km, 1 Std. 25 Min.

29 Falaise

La Dives

D979

A88

A28

Argentan 22

24

Le Pin-au-Haras ★

D926

Notre-Dame de Sées ★

23 Sées

L'Orne

1 Carrouges

Château de Carrouges ★

25 Mortagne-au-Perche

N12

A28

La Sarthe

Alençon
S. 84

19
Saint-Céneri-le-Gérei

D311

Parc Naturel
Régional du Perche 26

MARCO POLO HIGHLIGHTS

★ **CHÂTEAU DE CARROUGES**
Herausragend schönes Wasserschloss
➤ S. 87

★ **LE PIN-AU-HARAS**
Ein echtes Highlight für Pferdefreunde
➤ S. 88

★ **NOTRE-DAME DE SÉES**
Reife normannische Gotik im Städtchen
an der Orne ➤ S. 87

★ **TAPISSERIE DE BAYEUX**
Der berühmte Wandteppich ist ein
Muss ➤ S. 95

★ **CAEN**
Prächtige Kirchen in einer lebendigen
Großstadt ➤ S. 89

★ **CÔTE FLEURIE**
Schicke Seebäder mit internationalem
Flair ➤ S. 77

★ **HONFLEUR**
Die wohl schönste Hafenstadt der
Normandie ➤ S. 74

★ **MÉMORIAL DE CAEN**
Ein Museum für den Frieden, wo der
Krieg besonders schlimm wütete
➤ S. 90

★ **PONT DE NORMANDIE**
Atemraubende Brücke über die
Seinemündung ➤ S. 76

Ein Paradies für Naturfreunde ist auch das südlich angrenzende Departement Orne: Weite, sanft hügelige Wald- und Wiesenlandschaften laden zum Wandern ein. Schier endlose *bocages* (ca. 36 000 km Wallhecken!) säumen die Wege. Und dazwischen immer wieder grasende Kühe der normannischen Rasse. Kein Wunder, dass hier der vielleicht berühmteste aller Käse geboren wurde, der Camembert.

HONFLEUR

(□□ H3) **Malerisch im ganz wörtlichen Sinn: Claude Monet stellte in** ★ **Honfleur (6700 Ew.) seine Staffelei auf, Eugène Boudin genauso und viele andere nach ihnen.**
Bis heute, denn die Hafenstadt an der Seinemündung hat nichts von ihrem Charme verloren – auch wenn man sich diesen an Wochenenden und in den Ferien mit unzähligen anderen, vor allem Pariser Besuchern teilen muss.

SIGHTSEEING

GRENIERS À SEL
10 000 t Salz konnten in diesen beiden erhalten gebliebenen Salzspeichern von 1670 eingelagert werden! Es wurde von den hiesigen Neufundlandfischern zur Konservierung des Kabeljaus und zur Versorgung von Paris benötigt. *Rue de la Ville*

VIEUX BASSIN
Rund um das Hafenbecken von 1681 herrscht noch echtes nautisches Ambiente. Reichlich Galerien, Restaurants und Cafés haben sich in den schmalen, schieferverkleideten Häusern eingerichtet. Am Kai bestimmt ein buntes Gemisch aus Fischerbooten, Yachten und Segeloldtimern die Szenerie.

SAINTE-CATHERINE
Die Fachwerkhäuser im romantischen Viertel *Sainte-Catherine* rund um die gleichnamige Holzkirche aus dem 15. Jh. in der Altstadt bilden eine schöne Kulisse zum Bummeln. Die Kirche besteht aus zwei parallelen Schiffen und einem getrennt stehenden, mit Kastanienholzschindeln verkleideten Glockenturm. Eigentlich als Provisorium errichtet, berührt sie durch ihre Schlichtheit. *Tgl. 9–20 Uhr, Kirchturmbesichtigung in Verbindung mit Musée Boudin*

MUSÉE EUGÈNE BOUDIN
Bedeutende Sammlung vorimpressionistischer und zeitgenössischer Gemälde sowie eine Ausstellung normannischer Trachten. *Place Erik Satie | April–Juni und Sept. Mi–Mo 10–12 und 14–18, Juli/Aug. 10–18, Okt.–März 10–12 und 14.30–17.30 Uhr | museeshonfleur.fr |* ⏱ *1 Std.*

MAISONS SATIE
Eine szenografische Hommage an den 1866 in Honfleur geborenen Komponisten Erik Satie. Das Museum vermittelt performanceartig nähere Bekanntschaft mit Werk, Leben und Geist des avantgardistischen Musikers, der Einfluss auf Débussy und Strawinsky und auf heutige Musiker

HONFLEUR

Route de Trouville

Naturospace

Route de Fascines

La Morelle

Boulevard Charles V

Roue Adolphe Marais

R. Alphonse Allais

Rue Haute

Maisons Satie

Rue Charrière

Chapelle Notre-Dame-de-Grâce   de Grace

Rue Varin

Musée Eugène Boudin

La Fleur de Sel

Chemin de la Côte de Grâce

Rue des Capucins

Rue Barbel

La Cidrerie

Rue Bucaille

Sainte-Catherine

Quai de la Quarantaine

La Morelle

Rue du Puits

Vieux Bassin

Côte de la Croix Rouge

Rue Eugène Boudin

Rue Brûlée

Rue de la Foulerie

Vieux Bassin

L'Absinthe

Greniers à Sel

200 m
219 yd

Rue de la Bavole

Rue de la République

Rue de la Chaussée

La Claire

R. des Vases

---

wie Brian Eno hatte. *67, Blvd. Charles V | Feb.–Dez. Mi–Mo 11–18 Uhr | mu sees-honfleur.fr | ⊙ 1 Std.*

NATUROSPACE 🌿🦋
In dem tropischen Garten flattern unter einer Glaskuppel mehr als 1000 exotische Schmetterlinge sowie tropische Vögel – ein prachtvoller Anblick, der auch Kinder fasziniert. *Blvd. Charles V | April–Sept. tgl. 9.30–18.30, Juli/Aug. bis 19.30, Feb./März, Okt.–Mitte Nov. und Weihnachten/Neujahr 9.30–16.30 Uhr | naturospace.com | ⊙ 1 Std.*

CHAPELLE NOTRE-DAME-DE-GRÂCE
Am Hang des *Mont Joli* erhebt sich die Kapelle aus dem 17. Jh. mit ihrem schiefergedeckten Turm. Vom Platz vor der Pilgerkapelle hat man einen herrlichen Rundblick auf Honfleur, die Seinemündung und den Pont de Normandie. *Tgl. 9–17.30 Uhr*

ESSEN & TRINKEN

L'ABSINTHE
Köstliche Fleisch-, Fisch- und Meeresfrüchtegerichte am Hafen auf der Terrasse und in den historischen Räumen eines englischen Wachhauses aus dem 15. Jh. Probier mal Extravagantes wie gegrillte Dorade mit Kreuzkümmel und Curry, Taube süß-sauer oder Mangosoufflé mit Ingwereis! *Tgl. | 10, Quai de la Quarantaine | Tel. 02 31 89 39 00 | absinthe.fr | €€€*

INSIDER-TIPP
Französische Kochkunst mit exotischer Note

Strandpromenade Marcel Proust in Cabourg, das der Dichter als „Balbec" verewigte

LA CIDRERIE

Schöne Crêperie im Herzen der Altstadt. Die Qualität der Crêpes hat sich herumgesprochen, meist ist es also voll (und laut!). *Außer im Sommer Di/Mi geschl. | 26, Place Hamelin | Tel. 02 31 89 59 85 | creperie-lacidrerie-honfleur.com | €*

LA FLEUR DE SEL

Großer Genuss für Augen und Gaumen erwartet dich in diesem Restaurant in der Altstadt. Tatar mit Austern oder Seeteufel mit Schwarzwurzelchips und rotem Pfeffer sind typisch für die originellen Kreationen von Küchenchef Vincent Guyon. *Mo/Di geschl. | 17, Rue Haute | Tel. 02 31 89 01 92 | lafleurdesel-honfleur.com | €€€*

INSIDER-TIPP
Der Teufel mag Pfeffer

SHOPPEN

Käsespezialitäten auf Basis von Kuh-, Schafs- und Ziegenmilch und die passenden Weine führt *La Fromagère et le Vigneron (So-Nachmittag und Mo geschl. | 29, Rue de la République). Gribouille (Mi geschl. | 16, Rue de l'Homme de Bois)* hat neben einer schier unglaublichen Vielfalt an (vor allem alkoholischen) Getränken aus Äpfeln auch andere Produkte der Region wie hausgemachte Konfitüren. Rund ums Hafenbecken versammeln sich zahlreiche Kunstgalerien.

RUND UM HONFLEUR

🟥 PONT DE NORMANDIE ⭐

5 km östlich von Honfleur/20 Min. mit dem Rad

Östlich von Honfleur spannt sich die atemraubende Brücke auf gut 2 km über die Seinemündung. Von der Brückenmitte hat man eine sagenhafte

Aussicht auf den Mündungstrichter. Um dieses Panorama genießen zu können, lässt du das Auto am besten nahe der Ausfahrt Honfleur auf dem kostenlosen Parkplatz am Südufer und folgst rechts des Supermarkts Leclerc der Beschilderung. Entscheide dich nur vorher für die richtige Seite: im Westen die offene Seinemündung, im Osten das Hinterland. 📷 Zu Fuß oder per Rad genießt du das Panorama kostenlos! *H3*

CÔTE FLEURIE

(*G-H 3–4*) **Die wohl bekannteste und mondänste Baderegion Nordfrankreichs, die ⭐ Côte Fleurie („Blumenküste") zwischen Cabourg und Honfleur, war bereits im 19. Jh. Urlaubsziel von wohlhabenden Parisern. Ihre Trümpfe sind feinsandige Strände, Yachthäfen und ein abwechslungsreiches Nachtleben.**

ORTE AN DER CÔTE FLEURIE

2 CABOURG

Als Ferienort geplant, entstand Cabourg (3500 Ew.) 1860 auf dem Reißbrett. Und so führen noch heute viele Straßen direkt auf das Kasino zu – gesäumt von Häusern mit dem Charme der Belle Époque. Der 4 km lange und bei Ebbe fast unendlich breite, feinsandige 🦩 Strand lässt mit Kinderclubs und Wassersport keinen Wunsch offen. Die autofreie Strandpromenade Marcel Proust bietet auf 3,6 km herrliche Blicke auf die Küste. Sie erinnert an den großen Dichter, der viele Jahre in Cabourg verbrachte und dem Ort als Balbec einen Platz in seinem Monumentalwerk „Auf der Suche nach der verlorenen Zeit" gab.

INSIDER-TIPP
Dichterstube mit Meerblick

Im Grand Hotel, wo er stets das noch heute buchbare und mit Bücherschrank und Möbeln im Stil der Zeit dekorierte Zimmer 414 bewohnte, schrieb er im Lauf von sieben Sommern fast das gesamte Werk. Das interaktive Museum *Villa du Temps Retrouvé (Juli/Aug. Di–So 11–19, März–Juni und Sept.–Mitte Nov. 11–13 und 14–18 Uhr | 15, Av. du Président | villadutempsretrouve.com | ⏱ 1 Std.)* ist Proust und der Belle Époque gewidmet. *G4*

3 DIVES-SUR-MER

Die historische Bedeutung des Orts (5300 Ew.) geht auf das Jahr 1066 zurück, als Wilhelm der Eroberer mit seiner Flotte von hier aufbrach, um England zu erobern. Damals besaß Dives noch einen florierenden Hafen. Die ganz aus Holz gebaute Markthalle (15. Jh.) und eine Reihe alter Häuser aus dem 16. Jh. sind eindrucksvolle Zeugnisse der mittelalterlichen Geschichte von Dives, dessen Hafen inzwischen versandet ist.

Exquisite Einkaufsmöglichkeiten bieten im *Village d'Art Guillaume-le-Conquérant* elegante Geschäfte für Kunst, Kunsthandwerk und Antiquitäten. Kehr nach dem Einkauf unbedingt im *Chez le Bougnat (außer Juli/Aug. Di-Abend und Mi geschl. | 27, Rue Gaston Manneville | Tel. 02 31 91 06 13 | restaurant* chezlebougnat.fr | €–€€), einer der besten Adressen der Blumenküste. Vor der Retrokulisse dieses Restaurants schmecken Kalbskopf, Kutteln und Hummer doppelt so gut. 🗺 G4

🟧4 VILLERS-SUR-MER

An einem über 5 km langen Feinsandstrand liegt das Seebad mit einer Reihe Fachwerkhäuser in normannischem Stil aus dem 19. Jh. und der grünen Dinosaurierfigur vor dem Strand, die sein paläontologisches Erbe symbolisiert. Einen Besuch wert ist das Museum 🎏 *Paléospace l'Odyssée (Juli/Aug. tgl. 9.30–19, Feb.–Juni und Sept.–Dez. 10–18 Uhr mit einzelnen Schließtagen | paleospace-villers. fr | ⏱ 2 Std.)* mit Fossilien aus den kalkhaltigen Klippen der Umgebung und einer Ausstellung über die Dinosaurier, die hier einst lebten. Auch ein *Planetarium (Juli/Aug. tgl. 11, 13.30, 15 und 16.30 Uhr, sonst variierende Zeiten s. Website)* gehört dazu.

Unter der von schönen Villen gesäumten Promenade erstreckt sich in malerischer Lage der lange, feinsandige und saubere 🏖 *Strand,* der im Westen von den bis zu 100 m hohen Klippen *Falaises des Vaches Noires* begrenzt wird. Ausrüstungen zum Strandsegeln, Segeln und Kajakfahren vermietet der *Pôle Nautique (Rue Feine | Tel. 02 31 87 00 30 | voilevillers. com).* 🗺 G4

🟧5 DEAUVILLE

Mancher Scheich aus den Emiraten fliegt seinen Rennstall samt Pflegern und Futter im Frachtjet ein. Auf Auktionen werden Jährlinge zu Preisen ersteigert, für die man anderswo Mehrfamilienhäuser bekommt. Das Publikum hüllt sich in edle Haute Couture: Szenen der Rennwoche von Deauville Mitte August. Das Festival du Film Américain im September macht das Seebad (3500 Ew.) dann zum Treffpunkt der Promis dieser Welt.

Dabei ist der Retortenort (bis Mitte des 19. Jhs. war es ein unbedeutendes Bauerndorf) vor allem Blendwerk: Die Fachwerkhäuser haben oft nur aufgesetztes Ständerwerk, das Olympiabad hat nie ein olympisches Turnier gesehen. Und die hölzerne Strandpromenade *Les Planches* gibt es nur, damit feine Badegäste nicht mit sandigen Füßen in ihre Umkleidekabine mussten. Der 🏖 *Strand* ist nicht nur legendär, sondern auch wirklich besonders attraktiv: Breit, liebevoll gepflegt, mit feinem, weißem Sand und dekorativen bunten Schirmen, ist er an einem hellen Sommertag jeden Euro Parkgebühr wert. Dazu weist er in der Saison einen hohen Promifaktor auf (die an den Strandkabinen genannten Filmstars waren tatsächlich hier). Prachtvolle Villen und Anwesen beherbergen den internationalen Jetset und den Pariser (Geld-)Adel, für den die Nähe der Hauptstadt zu dem exklusiven Fluchtort ein Segen ist.

In der *Bar du Soleil (Juli/Aug. tgl., sonst wechselnde Schließtage | 1, Av. de la Terrasse | Tel. 02 31 88 04 74 | €€–€€€)* isst man neben Salaten Fisch, Meeresfrüchte, Pizza und Burger. Schick ist *Le Ciro's (So-Abend, Mi-Mittag und Mo/Di geschl. | Tel. 02 31 14 31 31 | €€€)* auf den *Planches,* wo du die Wahl zwischen entspannter Atmosphäre drau-

Hollywood auf Betriebsausflug: Strandkabinen an den Planches in Deauville

ßen und elegantem Interieur drinnen hast. Schwerpunkt sind Meeresfrüchte und Fisch. Die Preise erfordern allerdings einen besonderen Anlass ... ᨒ *G–H4*

6 TROUVILLE

Bescheidener als das mondäne Deauville präsentiert sich der einst beschauliche Fischerhafen Trouville (4600 Ew.) auf der anderen Flussseite. Die Maler Edouard Manet, Claude Monet, Eugène Boudin und Camille Pissarro ließen sich hier inspirieren. Der alte Fischereihafen ist heute ein beliebter und lebhafter Badeort mit hübscher Altstadt, Strandpromenade mit alten Villen und einem Yachthafen. Interessant ist das *Musée Villa Montebello (64, Rue du Général Leclerc | Juni–Sept. Mi–So 10–12 und 14–17.30, März–Mai und Okt.–Dez. Mi–Fr 14–*

17.30, Sa/So auch 10–12 Uhr) mit einer Rückschau auf Praktiken und Moden des Strandlebens sowie Künstlerporträts. Ein Erlebnis ist jeden Tag der ⚑ *Fischmarkt,* wo du an Ort und Stelle am Stehtisch Kostproben der fangfrischen Köstlichkeiten zu dir nehmen kannst. Außerdem lockt der weitläufige, feinsandige Strand, die 🌴 *Grande Plage de Trouville.* Breit und sehr gepflegt, ist er perfekt zum Strandlaufen, Spielen und Muschelsuchen. Zahlreiche Sportangebote am Strand (Surfen, Tauchen, Kajakfahren, Strandsegeln) und an der Promenade (Tennisplätze, Freibad, Fahrradverleih) lassen keine Langeweile aufkommen. Die Bänke auf der Promenade zieren die Namen berühmter Gäste.

Eine Institution ist die *Brasserie Le Central (tgl. | 158, Blvd. Fernand Moureaux | Tel. 02 31 88 13 68 | hotel-cen* tral-trouville.com | €€), deren Außenplätze vom Kaffee am Morgen über den Topf Muscheln am Mittag bis zur Meeresfrüchteplatte am Abend zum Genießen und Leuteschauen einladen. Die Schriftstellerin Marguerite Duras kehrte hier während ihrer 31 in Trouville verbrachten Sommer fast jeden Abend ein – sie liebte Austern, der heute mit einer Plakette markierte Tisch 309 war stets für sie reserviert. ⚌ H3–4

INSIDER-TIPP
Am Tisch der Schriftstellerin

PAYS D'AUGE

(⚌ G–H 4–5) **Kein Normandiekalender kommt ohne diesen Landstrich**

aus. **Fachwerkdörfer mit Puppenstubencharme, üppig grüne Hügel, von Obstbäumen überzogen, prachtvolle Herrenhäuser in verwunschenen Bachtälern, reetgedeckte Bauernkaten: Das ist das** ⚑ **Pays d'Auge.**

Obwohl die Region zwischen Côte Fleurie und dem Norden der Departements Eure und Orne nur einen kleinen Teil der Normandie ausmacht, steht sie geradezu als Inbegriff derselben.

ZIELE IM PAYS D'AUGE

◼ PONT-L'ÉVÊQUE

Das Städtchen (4600 Ew.) bietet neben dem gleichnamigen, seit gut 700 Jahren bekannten Käse im *Quartier Ancien* einige schöne ⚑ Fachwerkhäuser aus dem 17. Jh. Als Filmkulisse diente 1956 das neoklassizistische

Meeresfrüchte, Mittagsmenü, Miesmuscheln: Die Brasserie Le Central ist Trouvilles *place to be*

„Fröhliche Gefängnis" *Joyeuse Prison*, dessen Name von der laschen Auslegung der Hausordnung und der Flucht des letzten Insassen herrührt, des in der Bevölkerung beliebten Gentlemandiebs und Frauenhelden René „la Canne" Girier. Die originale Inneneinrichtung der Zellen, der Wärterappartements und der Hauskapelle kannst du während der französischen Schulferien Mi und Sa/So um 11 Uhr nach Anmeldung beim *Kulturzentrum Les Dominicaines (Tel. 02 31 64 89 33)* besichtigen.

Pont-l'Évêque ist eine gute, etwas weniger überlaufene und preisgünstigere Basis zur Entdeckung des nahen Küstengebiets. Im Herzen des grünen Hinterlands serviert die *Auberge des Deux Tonneaux (Mo geschl. | Tel. 02 31 64 09 31 | €€)* in *Pierrefitte-en-Auge* 5 km südlich einfache, aber auf besten Zutaten basierende normanni-

INSIDER-TIPP
Deftig-normannische Küche

sche Küche: Die Blutwurst ist so großartig wie der vom Produzenten selbst angelieferte Cidre. Gönn dir das gefüllte Spanferkel oder das Steak mit Camembertsauce!

Nur wenig außerhalb in die andere Richtung, in *Coudray-Rabut* an der D 677 Richtung Deauville, findet sich die ⚑ ❦ Destille *Calvados Christian Drouin (Mo–Sa 9–12 und 14–18 Uhr | calvados-drouin.com)* von Christian Drouin. Bei einer Besichtigung – gratis und inklusive Kostprobe – erfährst du mehr über die Produktion von Cidre und *pommeau* und entdeckst die Alterungskeller für den Calvados. ▭ *H4*

⑧ BEAUMONT-EN-AUGE

In schönster Panoramalage thront das 400-Seelen-Dorf 90 m über dem Tal der Touques. Die Fachwerk- und Klinkerarchitektur wirkt wie eine Filmkulisse. Vom Aussichtspunkt schweift der Blick bis zur Küste bei Deauville. In den hübschen Gassen verraten etliche Restaurants und Cafés, dass hier zeitweise reger Besucherandrang herrscht. In der Ortsmitte bietet die letzte Kaleidoskopmanufaktur Europas ihre kleinen Kunstwer-

INSIDER-TIPP
Farbenfrohes Andenken

ke zum Kauf an – außergewöhnliche Mitbringsel oder Souvenirs: *Après la Pluie (3, Rue de la Libération | kaleidoscopesfrance.com)*. ▭ *G–H4*

⑨ LISIEUX

Die Bischofsstadt (20 000 Ew.), viel besuchter Wallfahrtsort und gemessen an ihrer Größe kulturell sehr aktiv, ist eindrucksvoller Mittelpunkt des Pays d'Auge. Die Kathedrale *Saint-Pierre* aus dem 12. Jh. zeigt mit dem romanisch-gotischen Turmpaar die unterschiedlichen Stilepochen ihres Entstehens. Daneben lohnt der ehemalige *Bischofspalast* aus dem 17. Jh. mit prachtvollem Innenhof einen Blick. Einen kurzen Spaziergang von der Kathedrale entfernt liegt das Restaurant *The Guest (Mo–Mi geschl. | 21, Blvd. Herbet Fournet | Tel. 06 59 98 11 58 | Facebook | €€)* mit liebevoll zubereiteten klassischen Gerichten wie Ente, Steak oder Lachs.

Alte Fachwerkhäuser säumen die Altstadtgassen, in deren Zentrum zwischen Place Mitterrand und Place de la République jeden Samstag ein großer *Markt* stattfindet, der am Vormittag den Lebensmittelproduzenten und am Nachmittag den Kunsthandwerkern gehört. Auf einer Anhöhe im Südosten erhebt sich die Wallfahrtskirche *Sainte-Thérèse (tgl. 9–17.30, April–Aug. bis 19, Sept./Okt. bis 18 Uhr)*, 1929–1954 im romanisch-byzantinischen Stil mit einer großen Kuppel errichtet. Versäum nicht die durch ihre Farbgebung byzantinisch anmutende *Krypta.* Der nie fertiggestellte Kampanile besitzt 51 Glocken! □□ *H4*

🔟 CHÂTEAU DE SAINT-GERMAIN-DE-LIVET

Im Tal der Touques liegt, umgeben von einem Wassergraben, dieses schöne Renaissanceschloss. An das Haupthaus aus dem 16. Jh. ist ein normannisches Fachwerkhaus aus dem 15. Jh. angebaut. Die Fassade des Torhauses und die zwei schlanken *tourelles* (Türmchen), die es flankieren, sind im Schachbrettmuster ausgestaltet. Im Innenhof Arkaden im italienischen Stil. *April–Anf. Nov. Di–So 10.30–12.30 und 14–18 Uhr |* ⏱ *1 Std. |* □□ *H4–5*

🔟🔟 LIVAROT

Fan der normannischen Rohmilchkäse? Dann probier auch den berühmten Livarot im gleichnamigen Ort 15 km nördlich. Die 🐄 *Fromagerie Graindorge (42, Rue Général Leclerc | April–Juni und Sept./Okt. Mo–Sa, Juni auch So 9.30–13 und 14–17.30, Juli/Aug. Mo–Sa 9.30–17.30, So 10.30–17.30, Nov.–März Mo–Fr 10–12.30 und 14.30–17.30, Sa 10–13 Uhr | graindorge.fr)* freut sich über Besucher – der Eintritt inklusive Verkostung ist frei! □□ *H5*

🔟🔟 CAMEMBERT

Mitten im berühmtesten Käseort Frankreichs stellen Stéphanie und Xavier Cassigneul seit 2021 in ihrer *Fromagerie Clos de Beaumoncel (Le Bourg)* hervorragenden Camembert in Handarbeit und Bioqualität her. Schon 2022 gab es dafür die ersten Auszeichnungen. Besucher können die Produktion durch eine Glasscheibe betrachten, aber vor allem lohnt es sich natürlich, beim Einkauf auf diesen Käse zu achten. In der *Maison du Camembert (61, Le Bourg | März–Okt. tgl. 10–11.30 und 14–16.45, Mai–Aug. bis 17.15 Uhr | maisonducamembert. com)* erfährst du Wissenswertes über die Geschichte des weltberühmten Käses und kannst eine Verkostung aller Camembertsorten unternehmen. □□ *H5*

🔟🔟 CHÂTEAU VENDEUVRE 👹

Den Eltern wird das elegante Schloss aus dem 18. Jh. gefallen. Die Kinder hingegen werden sich vor allem für den herrlichen Park begeistern – wegen seiner originellen „spritzigen" Überraschungen. *Juli/Aug. tgl. 12.30–18.30, April–Juni und Sept. 14–18 Uhr | vendeuvre. com |* ⏱ *2 Std. |* □□ *G5*

INSIDER-TIPP
Mehr verraten wir hier nicht

🔟🔟 SAINT-PIERRE-SUR-DIVES

Im Mittelpunkt des liebenswerten Orts (3600 Ew.) steht die Markthalle aus dem 11. Jh., deren Dachstuhl mit 290 000 Holzdübeln konstruiert wurde. Nach ihrer Zerstörung 1944 wurde sie originalgetreu wiederaufgebaut. Hier findet jeden Montagvormittag der Wochenmarkt und am ersten Sonntag im Monat ein Antiquitätenmarkt statt. Zu den besonders schönen religiösen Bauwerken der Normandie gehört die Kirche der Benediktinerabtei aus dem 12. Jh. *G5*

15 MÉZIDON-CANON

Am Rand des Pays d'Auge, längs des grünen Tals der Dives, liegt das Städtchen, das seine geschichtliche Bedeutung dem schönen 👁 *Château de Canon (Park Juli/Aug. tgl. 10.30–13 und 14–19, Mitte April–Juni und Sept. Mi–Mo 14–18.30, Okt. Sa/So 14–18, Schlossführungen Juli/Aug. 15 und 16.45, April–Juni und Sept. Sa/So 15 Uhr | chateaudecanon.com | ⏱ 2½ Std.)* aus dem 18. Jh. verdankt. Es ist von Gärten mit teils über 300-jährigen Bäumen umgeben; ein Spielplatz und Aktivitäten vom Verkleiden bis zum Spieleparcours machen den Besuch mit Kindern attraktiv. *G4*

16 CRÈVECŒUR-EN-AUGE

Das hübsche Dorf ist bekannt für seine 👁 *Schlossanlage (April–Sept. tgl. 11–18, Juli/Aug. bis 19, Okt. So 14–18 Uhr | chateaudecrevecoeur.com | ⏱ 2 Std.),* ein aus mehreren Fachwerkgebäuden bestehendes Herrenhaus innerhalb eines Wassergrabens. Die Anlage mit Park und Kräutergarten gehört zur Stiftung der elsässischen Industriellenfamilie Schlumberger (Förderung der Wissenschaften), die neben mittelalterlicher Geschichte und normannischer Architektur auch Thema des *Museums* ist. Aktivitäten für Kinder und Demonstrationen ritterlichen und mittelalterlichen Lebens machen den Besuch spannend für Familien. *G4*

17 CAMBREMER

Der schöne Ort (1350 Ew.) versammelt rund um die Kirche mit ihrem romanischen Turm nahezu alles, was das Pays d'Auge so liebenswert macht: das ty-

Puzzlebild mit Päpsten: Mosaik in Lisieux' Wallfahrtskirche Sainte-Thérèse

pische Architekturgemisch aus Fachwerk und Ziegel, die Lage inmitten des grünen Hügellands sowie Cidre- und Calvadoshersteller, die sich bei ihrer Arbeit über die Schulter schauen lassen. Einer von ihnen ist Monsieur Grandval mit seinen vielfach preisgekrönten Produkten im pittoresken *Manoir de Grandouet (manoir-de-grandouet.fr)* ca. 2 km außerhalb. Dazu kommt mit den *Jardins du Pays d'Auge (Mai–Sept. tgl. 12.30–18-30 Uhr | les jardinsdupaysdauge.com | ⏱ 2 Std.)* eine nahezu paradiesische Garten- und Parkanlage rund um einen Bauernhof aus dem 17. Jh. mit *Crêperie (Mo/Di geschl. | Tel. 02 31 31 67 40 | €).* ⊞ *G4*

🔟 BEUVRON-EN-AUGE

An der Cidrestraße im Herzen des Pays d'Auge liegt das denkmalgeschützte historische Dörfchen. Um den Marktplatz eine Ansammlung typisch normannischer Fachwerkhäuser. ⊞ *G4*

ALENÇON

(⊞ G–H7) **Am südlichen Eingang in die Normandie, am Rand des Parc Naturel Régional Normandie-Maine, liegt die Hauptstadt des Departements Orne.**

Alençon (26 000 Ew.) ist von Wäldern umgeben und Ausgangspunkt für viele schöne Wanderungen. Die Stadt ist Zentrum einer landwirtschaftlich geprägten Region, entwickelte sich jedoch auch zum Industrie- und Handelsplatz. Ab 1665 erhielt sie ihre Geltung durch

die Herstellung der berühmten *dentelle d'Alençon* (Nadelspitze, auch Königin der Spitze genannt). Das ortsansässige *Atelier National* ist weltweit der letzte Ort, wo dieses edle Handwerk noch gepflegt wird. Der historische Stadtkern mit seinen Fachwerkhäusern, im Zweiten Weltkrieg stark zerstört, wurde wiederhergestellt.

SIGHTSEEING

NOTRE-DAME

Die ursprünglich romanische Kirche im Zentrum wurde im 15. Jh. in schöner Flamboyantgotik gestaltet. Achte auf die schönen Glasfenster aus dem 16. Jh.! *Place de la Magdeleine | tgl. 9–18 Uhr*

MAISON D'OZÉ

Zu den wertvollsten Bauwerken der Stadt gehört das Adelspalais aus dem 15. Jh., in dem sich das Office de Tourisme und eine Ausstellung zur Stadtgeschichte befinden. Im Garten Aufstieg zur Stadtmauer mit schönem Blick. *Place de la Magdeleine | Mo–Sa 10–12.30 und 14–18 Uhr*

SAINT-LÉONARD

Im Altstadtviertel Saint-Léonard verführen hübsche Gassen mit schönen mittelalterlichen Fachwerkhäusern zum Bummeln. Achte besonders auf die schmiedeeisernen Balkonbrüstungen und schönen Fassaden!

MUSÉE DES BEAUX-ARTS ET DE LA DENTELLE

Werke französischer Maler (17.–20. Jh.) und natürlich eine ausführliche Dar-

... und zum Schluss gehts in die Crêperie: Besuch in den Jardins du Pays d'Auge in Cambremer

stellung des Spitzenhandwerks, dazu attraktive Wechselausstellungen mit Schwerpunktthema Mode oder Malerei. Ein Film zeigt die Techniken des Spitzenhandwerks, im Sommer kann man den Klöpplerinnen mehrmals pro Woche bei ihrer Kunst zusehen. *31–33, Cours Carré de la Dentelle | Di–So, Sommer tgl. 10–12 und 14–18 Uhr |* ⊙ *1½ Std.*

ESSEN & TRINKEN

HAUT MINISTÈRE

Minister kommen wohl kaum her, dafür aber einheimische Jugend und Junggebliebene. Das Interieur erinnert an einen englischen Pub, die Gerichte (Entenbrust, Meeresfrüchte, aber auch Pizza und vegane Salate) sind gut und ansprechend präsentiert. Regelmäßig Cabaret und Dinnerkonzerte. *So geschl. | 10, Rue Saint-Blaise |*
Tel. 02 33 26 54 33 | haut-ministere. com | €–€€

LE BISTROT

Originelles Ambiente mit alten Filmplakaten und phantasievollen Gerichten. *So/Mo geschl. | 21, Rue de Sarthe | Tel. 02 33 26 51 69 | lebistrotalencon.com | €–€€*

SHOPPEN

Natürlich gibts in der Stadt der Spitzen reichlich Gelegenheit, diese auch zu erstehen. Achtung: Sind sie preiswert, sind es keine echten Handarbeiten. Ohne Risiko kaufst du im Musée de la Dentelle.

AUSGEHEN & FEIERN

BE'BAR

Schöne Loungebar mit freundlicher Atmosphäre, guten Tapas und kreativen Cocktails. *Mo/Di geschl.* | *10 bis, Rue de la Cave aux Boeufs* | *Facebook*

LA LUCIOLE

Beim Messegelände geben sich in den zwei Sälen dieses modernen Komplexes kleine und große Namen aus Hip-Hop, Elektro, Rock, Pop und Jazz die Ehre. *171, Route de Bretagne* | *laluciole.org*

RUND UM ALENÇON

⑲ SAINT-CÉNERI-LE-GÉREI

15 km südwestlich von Alençon/ 20 Min. über die D 112, D 1 und D 101
Ideale Kulisse für Maler: Das über einer Sartheschleife gelegene Örtchen ist eines der „100 schönsten Dörfer Frankreichs". Weite Ausblicke über die Hügelrücken der Alpes Mancelles, liebevoll restaurierte Gassen, eine alte Steinbrücke und die bezaubernde kleine romanische Kirche zogen Künstler wie Jean-Baptiste Camille Corot, Gustave Courbet, Eugène Boudin u. a. an. In der *Auberge des Sœurs Moisy* haben sie sich auf über 60 Selbstprofilen an den Wänden verewigt. Am Ufer der Sarthe lässt es sich bestens angeln und in der *Auberge des Peintres (Di geschl.* | *Tel. 02 33 26 49 18* | *€€)* stilvoll ein Imbiss nehmen. | ▥ *G7*

⑳ DOMFRONT

65 km westlich von Alençon/1 Std. über die N 12 und D 976
135 m hoch über den Schluchten der Varenne residiert das mittelalterliche Städtchen (3500 Ew.). Die einst mächtige Festung aus dem 11. Jh. wurde 1608 von Henri IV geschleift. Die in Grünanlagen eingebetteten Reste und die Türme der alten Stadtmauer sind

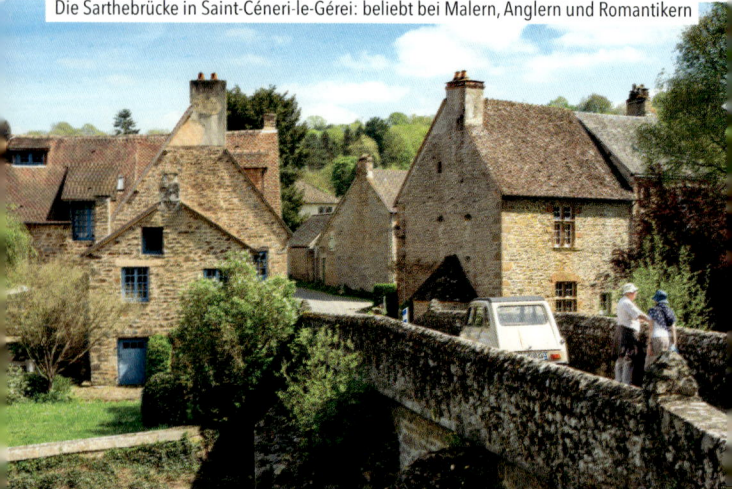

Die Sarthebrücke in Saint-Céneri-le-Gérei: beliebt bei Malern, Anglern und Romantikern

sehenswert. Die Gegend ist auf Birnencidre *(poiré)* spezialisiert, den du auf der *Route du Poiré* bei den Produzenten verkosten kannst. *F6*

21 CARROUGES

28 km nordwestlich von Alençon/ 30 Min. über die D 2

Im Zentrum einer Parkanlage steht das herausragend schöne, von Wassergräben umgebene ⭐ *Château de Carrouges (tgl. 10–12.30 und 14–16.45, Park 10–16.45 Uhr | carrouges. monuments-nationaux.fr | 45 Min.)* aus dem 14.–16. Jh. Stilarten und Baumaterialien dreier Jahrhunderte geben der eindrucksvollen Wehrfestung einen eigenen Reiz.

Hol dir in der *Maison du Parc (April–Okt. tgl. 10–13 und 14–18, Juli/Aug. bis 18.30 Uhr)* Infomaterial über den großen *Parc Naturel Régional Normandie-Maine (parc-naturel-normandie-maine.fr)*. Der Naturpark deckt 150 Ortschaften und größtenteils wunderschöne Landschaft in der Basse-Normandie und dem Pays de Loire ab. Das Infozentrum liegt direkt neben dem Château und bietet eine Fülle an Tipps zu *chemins de randonnées:* Adressen und Karten zu schönen Wanderwegen, geeigneten Fahrradstrecken und malerischen Reit- und Pferdewagenausflügen. *G6*

22 ARGENTAN

40 km nördlich von Alençon/45 Min. über die D 26 und D 958

Auch die an der Orne gelegene Stadt (13 400 Ew.) bezieht ihren guten Ruf von der Spitzenherstellung – wovon man sich in der *Maison des Dentelles*

(34, Rue de la Noé | Juli/Aug. Di–Sa 10–12.30 und 13.30–18, So 13.30–18, März–Juni und Sept.–Mitte Nov. Di–So 13.30–18 Uhr | musees-argentan.fr) ein Bild machen kann. Neben der dortigen Ausstellung werden häufig Vorführungen in Spitzenklöppelei veranstaltet. Im Zweiten Weltkrieg wurde Argentan zerstört – umso mehr ist die Wiederaufbauleistung zu würdigen. Das gilt vor allem für die beiden Kirchen *Saint-Germain* und *Saint-Martin*. *G6*

23 SÉES

22 km nördlich von Alençon/25 Min. über die D 438

Der uralte Bischofssitz mit seinen 4200 Ew. am Ufer der Orne wird beherrscht von der mächtigen Kathedrale ⭐ *Notre-Dame de Sées (tgl. 9–18 Uhr | 20 Min.)* aus dem 13. Jh. Sie wurde während des 100-jährigen Kriegs und der Religionskriege mehrfach zerstört und originalgetreu wiederaufgebaut und gilt als Meisterwerk der normannischen Hochgotik. Sie steht auf weichem Grund – ihre Mauern mussten daher immer wieder gestützt und eingestürzte Teile gar erneuert werden. Kurios an der Fassade: Anfang des 19. Jhs. wurden einige der Säulen erneuert … aus Gusseisen! Damit dies nicht zu sehr auffiel, strich man sie in Steinfarbe, die der Regen jedoch fast vollkommen herauswusch. Die eleganten Türme sind 70 m hoch. Im Inneren siehst du wunderschöne Glasfenster und über dem Südportal eine großartige Rosette aus dem 13. Jh. Nachts wird die Kirche prachtvoll angestrahlt. Bei den spätabendlichen  Lichtfestspielen *Les Musilumières (Juli–Sept., Termine s. Website | musilumieres.org)* verwandelt sie sich auch innen in ein Kunstwerk aus Licht und Farben. Die musikalische und visuelle Pracht begeistert Erwachsene und Kinder.

Das Hotelrestaurant *Île de Sées (Mo-Mittag, Di-Mittag, Mi-Mittag und So geschl | Tel. 02 33 27 98 65 | ile-sees. fr | €€)* 5 km nordwestlich bei Macé mit schöner Terrasse im Grünen bietet eine kleine, aber feine Auswahl klassischer Gerichte. 🗺 *H6*

24 LE PIN-AU-HARAS ★

43 km nördlich von Alençon/40 Min. über Sées

Ein kleiner Ort, doch weltbekannt! Auf dem Gelände eines Schlosses aus

„Versailles des Pferds": Frankreichs ältestes Staatsgestüt in Le Pin-au-Haras

dem 18. Jh. befindet sich das älteste der französischen Staatsgestüte, der *Haras National du Pin.* Die Errichtung der Anlage geht auf den Sonnenkönig zurück, sie wurde jedoch erst 1730 fertiggestellt. Über 1100 ha, davon etwa 700 an Weideflächen, gehören zum Gestüt: ein würdiger grüner Rahmen für die erhabenen Gebäude aus rotem Back- und weißem Kalksandstein. Das „Versailles des Pferds" bietet verschiedene Themenführungen und interessante Präsentationen seiner Zuchthengste und Gespanne. *April–Sept. tgl. 10–18, Juni–Sept. Do 15 Uhr große Vorführung der Hengste und Gespanne, weitere Vorführungen zu stark gestaffelten Zeiten s. Website | haras-national-du-pin.com |* ⏱ *1–2½ Std. |* 🗺 *H6*

25 MORTAGNE-AU-PERCHE

38 km östlich von Alençon/30 Min. über die N 12

Die stille Hauptstadt (3800 Ew.) der Perche liegt inmitten einer grünen Landschaft, die man vom *Stadtpark* aus herrlich überblickt. Mittelpunkt des Orts ist die im Flamboyantstil gehaltene Kirche *Notre-Dame* aus dem 16. Jh. mit ihrem massiven Turm. Achte im Inneren auf die kunstvollen Holztäfelungen aus dem 18. Jh.! Ein Höhepunkt ist der bildschöne Kreuzgang im *Hôpital Hospice,* einem ehemaligen Franziskanerstift. Große Geltung erlangte der Ort vor allem durch den hier gezüchteten Percheron, ein wuchtiges, gutmütiges Kaltblut-Zugpferd.

Probieren musst du in der „Hauptstadt der Blutwurst" natürlich die lokale Spezialität, den *boudin.* Der steht

INSIDER-TIPP
**Statt Blut-
wurst geht
auch
Camembert**

– neben anderen Köstlichkeiten wie paniertem Camembert oder Tagliatelle mit Hähnchen-Camembert-Sauce – z. B. im angenehmen Restaurant *La Brasserie (So-Abend und Mo geschl.* | *1, Place du Général de Gaulle* | *Tel. 02 33 25 14 77* | *Facebook* | *€)* auf der Karte. ▥ J6

26 PARC NATUREL RÉGIONAL DU PERCHE

60 km bis Nocé östlich von Alençon/ 50 Min. über Mortagne

Wälder und Wallhecken, Wassermühlen und Herrenhäuser: Die Perche ist normannische Idylle pur und ein Paradies für Wanderer und Radfahrer. Kartenmaterial und Tourenvorschläge erhältst du u. a. in der *Maison du Parc (Manoir du Courboyer* | *Nocé* | *Tel. 02 33 25 70 10* | *parc-naturel-perche. fr).* ▥ J6–7

CAEN

(▥ F–G4) **In einer weiten Ebene, durch den Fluss Orne und einen 14 km langen Kanal mit dem Meer verbunden, liegt** ★ **Caen, die damalige Hauptstadt des von Wilhelm dem Eroberer regierten Herzogtums Normandie, deren gallischer Name „Schlachtfeld" bedeutet.**

Bei der Befreiung von den deutschen Besatzern wurde die Stadt 1944 stark zerstört. Der Wiederaufbau entwickelte sich in Einklang mit dem Charakter der zum Glück weitgehend erhalten gebliebenen Altstadt und ihrer herrli-

WOHIN ZUERST?

Die Sehenswürdigkeiten liegen recht weit auseinander. Vom Bahnhof zum **Château** etwa, das du wegen des Überblicks am besten als Erstes ansteuerst, ist es 1 km Fußmarsch. Dafür ist der ÖPNV gut ausgebaut und preiswert: Eine einfache Fahrt (gültig eine Stunde ab Entwertung in Bus und Tram) kostet 1,60 Euro. Kommst du mit dem Auto, parkst du am besten am Binnenhafen, z. B. beim Bassin Saint-Pierre.

chen Baudenkmäler. Heute ist Caen (106 000 Ew.) der Verwaltungssitz des Departements Calvados und Zentrum des regen wirtschaftlichen und kulturellen Lebens der Region Normandie. Die 1432 gegründete Universität gehört zu den größten des Landes.

Caen eignet sich aufgrund seines vielfältigen Angebots auch außerhalb der touristischen Hochsaison als Standort für Exkursionen in die Umgebung. Die Sehenswürdigkeiten sind recht weit voneinander entfernt.

INSIDER-TIPP
So geht ÖPNV!
Mit der ☎ Magnetkarte *twisto* bewegst du dich billig im Tram- und Busnetz der Stadt: Ein 24-Stunden-Ticket für bis zu fünf Personen kostet nur 4 Euro, für 48 Stunden zahlst du 7 Euro.

SIGHTSEEING

CHÂTEAU DUCAL

Durch die lebhafte Rue Saint-Pierre mit zwei besonders schönen alten

Fachwerkhäusern an der Hausnummer 57 gelangst du zu dieser auf einem niedrigen Felsen gelegenen, mächtigen Festungsanlage aus dem 11. Jh. Die wehrhafte Ringmauer, durchsetzt von zwei Portalen und zahlreichen Bastionen, ist begehbar und bietet einen herrlichen Blick auf die für die Silhouette der Stadt so charakteristischen Türme – in der Abenddämmerung besonders stimmungsvoll.

Die 👉 Außenanlagen kann man kostenlos besichtigen, im Inneren befinden sich mehrere Museen, u. a. das *Musée de Normandie* und das *Musée des Beaux-Arts (Juli/Aug. tgl., Sept.–Juni Di–Fr 9.30–12.30 und 13.30–18, Sa/So 11–18 Uhr)* mit einer reichen Sammlung europäischer Meister (u. a. Tintoretto, Tiepolo, Monet, Rubens). Der Burg vorgelagert liegt die gotische Kirche *Saint-Pierre* aus dem 13./14. Jh. mit einer eindrucksvollen Fassade, vielen Ornamenten im Flamboyantstil und einigen Elementen schon im Stil der Renaissance. Der Glockenturm misst 78 m. *musee-de-normandie.caen.fr*

HÔTEL D'ESCOVILLE

Gegenüber der Kirche an der Place Saint-Pierre beeindruckt dieser bedeutende Renaissancebau. Der schöne Innenhof ist mit Skulpturen geschmückt.

ABBAYE-AUX-DAMES

Im östlichen Teil der Altstadt befindet sich die romanische *La Trinité*, die Kirche der Abbaye-aux-Dames aus dem 11. Jh. Unter der schwarzen Marmorplatte im Chor liegt das Grab der Königin Mathilde, Ehefrau Wilhelms des Eroberers. Zu bewundern sind die Krypta mit Kreuzgratgewölbe und der Kreuzgang sowie ein französischer Garten. *Place de la Reine Mathilde | Mo–Fr 8–12.30 und 13.30–18, Sa/So 14–18, geführter Rundgang 14.30 und 16 Uhr |* ⏱ *20 Min., Führung 1 Std.*

ABBAYE-AUX-HOMMES

Die im 11. Jh. von Wilhelm dem Eroberer im romanischen Stil erbaute Abteikirche *Saint-Étienne* wurde zwei Jahrhunderte später durch Chor und Türme im frühgotischen Stil ergänzt. Ein Meisterwerk sakraler Architektur, das durch seine durchgängige Ästhetik und die vor allem beim Orgelspiel berauschende Akustik begeistert. Saint-Étienne war die Grabstätte Wilhelms des Eroberers; seine sterblichen Überreste wurden mit Ausnahme eines einzigen Knochens 1563 von aufgebrachten Protestanten zerstört. Der Grabstein im Chorzentrum zeugt davon. *100, Place Louis-Guillouard | stark gestaffelte Zeiten, Kernzeit Mo–Fr 8–17, Sa/So Feb.–Dez. 9.30–13 und 14–17.30 Uhr, Führungen (*⏱ *1½ Std.) So–Fr, April–Sept. tgl. 10.30 und 14.30, April–Sept. auch 16, Juli/Aug. auch 17.30 sowie Mo–Fr auf Engl. 11, 13.30 und 16 Uhr |* ⏱ *20 Min.*

MÉMORIAL DE CAEN ⭐

Das *Musée pour la Paix* (Museum für den Frieden) mit einer historischen Gesamtübersicht bewaffneter internationaler Konflikte von 1918 bis heute und einem eigenen Komplex zum Thema D-Day versteht sich als Ort des Friedens und der Besinnung. Die Hälf-

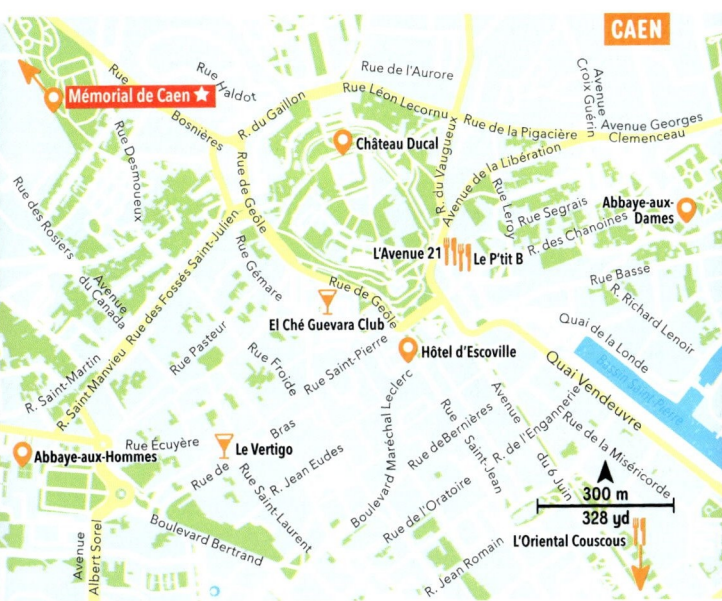

te der jährlich 500 000 Besucher sind jünger als 20 Jahre. *Esplanade Général Eisenhower | Ende Jan.–März tgl. 9–18, April–Sept. 9–19, Okt.–Dez. 9.30 –18 Uhr | memorial-caen.fr | ⏱ 3 Std.*

ESSEN & TRINKEN

L'AVENUE 21

Leckere Salate, Steaks, Garnelenspieße, alles frisch und liebevoll präsentiert. Schöne Terrasse. *Di/Mi geschl. | 21, Rue du Vaugueux | Tel. 02 31 94 54 20 | avenue21.normservices.net | €€*

LE P'TIT B

Edelbistro mit nur einem Menü, das Produkte der Jahreszeit schmackhaft in Szene setzt. *Sept.–Mai Di/Mi geschl. | 15, Rue de Vaugueux | Tel. 02 31 93 50 76 | leptitb.fr | €€€*

L'ORIENTAL COUSCOUS

Begib dich auf eine kulinarische Reise nach Algerien mit gegrilltem Fleisch, Couscous und leckeren orientalischen Desserts. *Mo/Di geschl. | 6, Quai Amiral Hamelin | Tel. 02 31 34 35 36 | oriental-couscous.fr | €€*

AUSGEHEN & FEIERN

EL CHÉ GUEVARA CLUB

Latinobar mit sehr guten Cocktails, dazu heiße Rhythmen von Salsa bis Son. *6–8, Rue du Tour de Terre | Instagram*

LE VERTIGO

Allerlei Gothic-Kitsch bestimmt das Design dieser sehr populären und meist viel zu engen Adresse für legendäres Highlife. *14, Rue Écuyère | Facebook*

RUND UM CAEN

27 CHÂTEAU DE FONTAINE-HENRY

15 km nördlich von Caen/20 Min. über die D 79 und D 141

In einem Park im schönen Tal der Mue steht diese ehemalige Festung, die später in der Art der Loireschlösser zu einem wunderbaren Renaissancebau umgewandelt wurde. Reiche Innenausstattung mit Möbeln, Porzellan und Gemälden. *Mitte Juni–Mitte Sept. Mi–Mo, Führungen 14.30, 15.15, 16.15 und 17.15, Mitte April–Mitte Juni Mi und Sa/So 14.30–18.30, Führungen 14.30, 15.30 und 16.30 Uhr | chateaudefontainehenry.com | ⏱ 1 Std. | ▥ F4*

28 RANVILLE

12 km nordöstlich von Caen/20 Min. über die D 515, D 226 und D 402

Der Film „Der längste Tag" machte die Brücke über die Orne und die englischen Soldaten unsterblich, die in der Nacht zum 6. Juni 1944 hier von 352 Lastenseglern absprangen, um die später Pegasus Bridge genannte Brücke einzunehmen. Das *Memorial Pegasus (Av. du Major Howard | April– Sept. tgl. 9.30–18.30, Okt./Nov. und Feb./März 10–17 Uhr | musee.memorial-pegasus.com | ⏱ 1½ Std.)* zeigt Alltagsgegenstände, Waffen, den legendären Dudelsack des Soldaten Millin und die originale Brücke mit Einschusslöchern. *▥ G4*

29 FALAISE

40 km südlich von Caen/40 Min. über die N 158

Die große Sehenswürdigkeit der Geburtsstadt Wilhelms des Eroberers (8000 Ew.) ist die auf einem Felsvorsprung errichtete, mächtige Festung 👑 *Château Guillaume-le-Conquérant (tgl. 10–18 Uhr | chateau-guillaume-le conquerant.fr | ⏱ 2 Std.).* Ältester Teil der Anlage ist der rechteckige Donjon aus dem 11. Jh. Falaise wurde im Zweiten Weltkrieg fast vollständig zerstört, ist aber originalgetreu wieder

So prächtig wie die berühmten Schlösser an der Loire: Château de Fontaine-Henry

aufgebaut worden. Mittelalterspektakel und interaktive Vermittlung der Geschichte machen den Besuch auch für den Nachwuchs spannend. *G5*

30 SUISSE NORMANDE

30 km bis Thury-Harcourt südlich von Caen/30 Min. über die D 562

Sanfte Hügel, malerische Täler und steile Felsböschungen säumen die Flüsse und Bäche in der Normannischen Schweiz. Mittendrin fließt mal still, mal schäumend die Orne, markant in das Gestein eingegraben. Die *Route de la Suisse Normande* von Thury-Harcourt über Condé-sur-Noireau, Pont-d'Ouilly, Clécy zurück nach Thury-Harcourt erschließt Schlösser, Kirchen, charmante Orte und ein vielfältiges Angebot an Aktivitäten. *F5*

31 VIEUX

12 km südlich von Caen/20 Min. über die D 212

Das heutige Dorf steht auf einem archäologischen Schatz: dem antiken Aregenua, mit mehreren Tausend Ein-

wohnern Etappenstadt durchreisender Römer. Ausgrabungen bringen noch immer Wertvolles ans Tageslicht. Begehbare Ruinen und das moderne Museum lohnen den Besuch. *Juli/Aug. tgl. 10–18, Sept.–Juni Mo, Di, Do, Fr 9–17, Sa/So 10–18 Uhr | vieuxla romaine.fr | ⏱ 2 Std. | F4*

32 VIRE

60 km südwestlich von Caen/1 Std. über die A 84 und D 577

Das Städtchen (10 500 Ew.) ist vor allem durch seine Spezialität, die Innereienwurst *andouille*, bekannt. Sehenswert sind die Ruine eines Bergfrieds aus dem 13. Jh., die *Porte Horloge* sowie die Wehrtürme *Saint-Sauveur* und *Raines*. Von einem Felsvorsprung aus überblickt man Festungsruinen und das Tal der Vire.

Traditionelle französische Küche mit einem modernen Twist und ein freundlicher Empfang erwarten dich im Restaurant *Au Vrai Normand (So-Abend, Di-Abend und Mi geschl. | 14, Rue Armand Gasté | Tel. 02 31 67 90 99 | auvrainormand.com | €€).*

INSIDER-TIPP
Süße Sünde mit Schwips

Lass noch Platz für das Blätterteig-Apfelküchlein *bourdelot normand* mit Calvados! *E5*

33 VIADUC DE LA SOULEUVRE

50 km südwestlich von Caen/45 Min. über die A 84 und D 577

Bungeelegende A. J. Hackett hat auf dem Pylon eines ehemaligen Eisenbahnviadukts eine Sprunganlage installiert. Dazu gesellen sich ein Kletterpark, eine Schienenrodelbahn, eine Zipline und ein Barfußpark. *Stark ge-*

Geschichtsstunde mal anders: ein 70 m langer Wandteppich als historischer Comicstrip

staffelte Zeiten s. Website | obligatorische Reservierung online oder unter Tel. 02 31 66 31 66 | viaducdelasou leuvre.com | ⌖ E5

BAYEUX

(⌖ F4) **Mittelalter pur zu Füßen der mächtigen Kathedrale. Mit ihrem Bischofspalast und den zahlreichen Herrensitzen und Bürgerhäusern aus dem 15.–18. Jh. bietet die im Zweiten Weltkrieg von Zerstörungen verschonte Stadt (12 700 Ew.) ein vollkommenes architektonisches Ensemble.**

Weitere Attraktion: der „größte Comicstrip der Welt", ein 70 m langer, bestickter Wandteppich mit der Geschichte Wilhelms des Eroberers, der nicht umsonst zum Unesco-Welterbe zählt. Garniert wird das Ganze mit den Lokalen und Geschäften einer quicklebendigen Stadt.

NOTRE-DAME DE BAYEUX

Eine der schönsten Kathedralen Frankreichs, die wie eine gotische wirkt, aber eigentlich keine ist: Die romanische Kirche wurde schlicht von einer gotischen ummantelt. Dem Umbau des gotischen Chors im 13. Jh. folgten das Querschiff, die Seitenschiffkapitelle und der Vierungsturm, der im 18. Jh. noch eine barocke Haube erhielt. Im Advent wird der Wandteppich von Bayeux auf die Seitenwände der Kathedrale projiziert. *Rue Bienvenu | April–Juni tgl. 8.30–18, Juli–Sept. 9–19, Okt.–Dez. 9–18, Jan.–März 9–17 Uhr, Führungen Juli–Sept. Mo/Di und Do/Fr 10 und 14.15 Uhr*

INSIDER-TIPP
Eindrucksvolles Lichtspektakel

TAPISSERIE DE BAYEUX ★ 👕👓

Bereits in den Jahrhunderten vor der Operation Overlord von 1944 gab es spektakuläre Querungen des Ärmelkanals. Eine der ersten ist in Bildern anschaulich dokumentiert: die Überfahrt des Normannenherzogs Wilhelm nach England im Jahr 1066. 58 auf einem 70 m langen, 50 cm breiten Leinenband aufgestickte Bilder aus dem 11. Jh. stellen die Expedition eindrucksvoll dar. Dabei liebte man auch das frivole Detail (siehe Szene 15). Zu sehen sind auch der Halley'sche Komet (Szene 32) und die im Bau befindliche Abtei am Mont-Saint-Michel (Szene 16 und 17). Toll: die Vorbereitungen zum Aufbruch (Szenen 35–39). Die große Attraktion von Bayeux – oder vielmehr das, was davon übrigblieb, denn es fehlen einige Teile, zu erkennen an der Risskante und den unvollständigen Motiven nach der letzten Szene – fasziniert dank ihrer Anschaulichkeit auch Kinder. Interessant ist auch die Ausstellung zu den Hintergründen der Eroberung im oberen Stockwerk. *Centre Guillaume le Conquérant | Rue de Nesmond | März-Okt. tgl. 9-18.30 (Juli/Aug. bis 19), Nov./Dez. und Feb. 9-12.30 und 14–18 Uhr | bayeuxmuseum.com | ⊙ 1½ Std.*

MUSÉE MÉMORIAL DE LA BATAILLE DE NORMANDIE

Dokumente, Schaubilder und Filme über die Landung der Alliierten und die Befreiung von den Nazis 1944. *Blvd. Fabian Ware | Mai–Sept. tgl. 9.30–18.30, Okt.–Dez. und Feb.–April 10–12.30 und 14–18 Uhr | baycuxmuseum.com*

ESSEN & TRINKEN

LE POMMIER ⚑

Sehr gute normannische Küche in passendem Ambiente – von den normannischen Steinwänden bis zum prasselnden Kaminfeuer. *Tgl. | 40, Rue des Cuisiniers | Tel. 02 31 21 52 10 | restaurantlepommier.com | €€*

LE GARDE MANGER

Einen Steinwurf von der Kathedrale entfernt, lockt das Restaurant des Hotels Reine Mathilde mit einer Terrasse, üppigen Salaten (z. B. mit Ziegenkäse oder *foie gras*), guten Fisch- und Fleischgerichten sowie freundlichem Service. *Tgl. | 23, Rue Larcher | Tel. 02 31 92 08 13 | hotel-bayeux-reine mathilde.fr | €–€€*

SHOPPEN

Bei *L'Olivérade (12, Rue Maréchal Foch)* kannst du dich mit französischen Delikatessen eindecken. Schönes und Nützliches für Küche und Heim sowie ausgefallene Souvenirs findest du im hübschen Geschäft *Le Vaisselier (6, Rue Saint-Malo)*.

RUND UM BAYEUX

34 TOUR-EN-BESSIN

6 km westlich von Bayeux/10 Min. über die D 613

Den kleinen Ort dominiert die Kirche mit einem eleganten Vierungsturm aus dem 13. und einem originell konstruierten Chor aus dem 15. Jh. Am nördlichen Ortsrand führt eine lange Allee auf das kleine, hübsche *Château de Vaulaville (Besichtigung nur n. V. Juli/Aug. | Tel. 02 31 92 52 62)* aus dem 18. Jh. zu, in dem prächtige Holzarbeiten, schönes Mobiliar und eine Sammlung von Bayeuxporzellan zu sehen sind. *F4*

35 CHÂTEAU DE BALLEROY

16 km südwestlich von Bayeux/ 20 Min. über die D 572 und D 73

Im Wald Forêt de Cerisy liegt das prächtige, im Stil von Louis XIII erbaute Schloss aus dem 17. Jh. Sehenswert sind der elegante französische Ziergarten im Park und die reiche Innenausstattung des Schlosses, das sich im Besitz der amerikanischen Milliardärsfamilie Forbes befindet. Die Stallungen beherbergen das *Musée des Ballons* zur Geschichte der Ballonfahrerei. *April–Juni und Sept./Okt. Mi–So, Juli/ Aug. tgl. 10.45–18 Uhr | chateau-balleroy.fr |* ⏱ *1½ Std. |* *E–F4*

36 SCHIEFERMINE SOUTERROSCOPE DES ARDOISIÈRES 👾

25 km südlich von Bayeux/30 Min. über die D 67 und D 9

Ein Ausflug in diese ehemalige Schiefermine in *Caumont-l'Éventé* führt dich 30 m unter die Erde, wo man bei einer konstanten Temperatur von 12 Grad (Jacke mitnehmen!) Spannendes über den Kreislauf des Wassers erfährt und im „Saal des Sees" Grundwasser sehen und berühren kann. Filme, eine Wasser-, Licht- und Toninstallation in der „Schlucht" und eine Mineralienausstellung runden den Besuch ab. *Route de Saint-Lô | stark gestaffelte Zeiten s. Website | souteroscope-ardoisieres.fr |* ⏱ *2 Std. |* *F4*

37 CREULLY

14 km östlich von Bayeux/20 Min. über die D 126 und D 35

Eng mit der Geschichte des mittelalterlichen Städtchens ist die wechselvolle Historie des *Château de Creully (Juni–Aug. Mo 14–17.30, Di–Do 9.30– 12 und 14–18, Fr 9.30–12.30, Park tgl. 9–18 Uhr |* ⏱ *1 Std.)* aus dem 11.– 16. Jh. verbunden. 1944 war das übermächtige Bauwerk mit Festungsmauer das Hauptquartier des britischen Generals Bernard L. Montgomery und das Sendestudio der BBC (kleines Radiomuseum). *F4*

Ein Leuchtturm bewacht die Mündung der Orne in Ouistreham

CÔTE DE NACRE

(◫ E–G 3-4) **Die westlich der Orne-mündung gelegene Côte de Nacre (Perlmuttküste) ging vor allem durch die Plages de Débarquement, die Landeplätze der Alliierten bei der Befreiung im Juni 1944, in die Geschichte ein und wird daher auch Landungsküste genannt.**

Beinahe unüberschaubar viele Museen erzählen von den dramatischen Ereignissen. Einen interessanten Überblick (auch auf Deutsch) über Museen, Friedhöfe, Gedenkfeiern etc. geben die Websites *short.travel/nmd5* und *memoirenormande.com*. Von Ouistre-ham, aufgrund seines Fährhafens nach Portsmouth auch „Tor zu Frankreich" genannt, bis zum Felssporn der Pointe du Hoc präsentiert sich die Küste mit zahlreichen Badeorten und feinen Stränden.

ORTE AN DER CÔTE DE NACRE

🔢 OUISTREHAM

Die Hafenstadt (9300 Ew.) liegt an der Mündung der Orne. Sehenswert sind die romanische Kirche *Saint-Samson* aus dem 12. und die steinerne Zehnt-scheune aus dem 14. Jh. Das mit Ouistreham zusammengewachsene Riva-Bella ist ein beliebtes Strandbad. Empfehlenswert ist das traditionsreiche Hotelrestaurant von 1857 *Le Nor-*

mandie (mittags geschl. | 71, Av. Michel Cabieu | Tel. 02 31 97 19 57 | le normandie.com | €–€€), wo du dich mit Fisch, Meeresfrüchten oder einem Steak stärken kannst. ☐ G4

39 ARROMANCHES-LES-BAINS

Bei der Befreiung 1944 war dieser kleine, friedliche Fischerhafen einer der Landeplätze der Alliierten. Logistischer Albtraum: Vor der Küste wurde aus 500 000 t Beton ein künstlicher Tiefwasserhafen errichtet, um den militärischen Nachschub zu sichern. Einige der 115 Betonblöcke, die eine Straße und Laderampen für die Schiffe trugen, sieht man noch bei Ebbe. Im *Cinéma Circulaire Arromanches 360 (stark gestaffelte Zeiten s. Website | arromanches360.com)* zeigt ein 18-minütiger, unkommentierter Film auf kreisförmiger Leinwand das dramatische Geschehen.

Die *Ferme de la Rançonnière (außer Sa/So mittags geschl. | Tel. 02 31 22 21 73 | ranconniere.fr | €€€)* 7 km südöstlich bei Crépon wirkt wie ein zur Festung umgebauter Bauernhof. Hier kannst du im angesehenen Restaurant tafeln. Auf der Karte stehen klassische Fisch- und Fleischgerichte. ☐ F4

40 PORT-EN-BESSIN

Der wichtigste normannische Fischerhafen (2000 Ew.) liegt eingebettet zwischen mächtigen Felsen. Ein beeindruckendes Schauspiel ist es, wenn beim Öffnen der Schleusentore ca. 2,5 Stunden vor dem Hochwasser die bunten Fischerboote die Hafeneinfahrt passieren (Fischverkauf direkt an der Hafenmole). Fischliebhaber frönen im Restaurant *Le Vieux Pêcheur (außerhalb der Saison Mi geschl. | 5, Place de la Fontaine | Tel. 02 31 21 93 78 | €–€€)* ihrer Leidenschaft – frischer gehts wirklich nicht. ☐ F4

INSIDER-TIPP
Farbenfrohe Fischerflotte

41 OMAHA BEACH & COLLEVILLE-SUR-MER

Bei der Landung 1944 waren es in den östlichen Abschnitten *Sword, Juno* und *Gold* die englisch-kanadischen, in den westlichen Abschnitten *Omaha* und *Utah* die US-amerikanischen Truppen, die die Landung erkämpften. Die Codenamen für die Landungsabschnitte blieben später als offizielle Strandbezeichnungen erhalten. Soldatenfriedhöfe und Museen, Mahnmale und Gedenktafeln, aber auch immer wieder viele Überreste der massiven Bunkeranlagen zeugen von den dramatischen Ereignissen und erinnern an die Zeit des Zweiten Weltkriegs.

Am Omaha Beach erinnern in *Colleville-sur-Mer* (hier drehte Steven Spielberg die bewegende Schlusssequenz seines Films „Der Soldat James Ryan") auf dem US-amerikanischen Soldatenfriedhof 9385 schneeweiße Kreuze und Davidsterne an die hier liegenden Soldaten, im Garten der Verschollenen 1557 eingravierte Namen an nie heimgekehrte Soldaten – ein so erschütternder wie würdevoller Ort. Das *Normandy American Cemetery Visitor Center (tgl. 9–17, Mitte April–Mitte Sept. bis 18 Uhr | ⏱ 45 Min.)* hält die Erinnerung wach.

Heute sind die sehr schönen, breiten, feinen Sandstrände bei Niedrigwasser ein Dorado der Strandsegler; Ausrüstungsvermietung und Kurse (auch Kajakfahren, Segeln, Stand-up-Paddling): *Eolia Normandie Omaha Beach (Base Nautique | Tel. 02 31 22 26 21 | eolianormandie.com).* ▭ *E3–4*

⁴² SAINT-LAURENT-SUR-MER

Bei Ebbe sieht man an der Küste die Überreste des künstlichen Hafens Mulberry A (A für American), des Pendants der britischen Anlage (logisch: Mulberry B) in Arromanches-les-Bains. Ein Sturm zerstörte den Landungshafen der Alliierten wenige Tage nach Fertigstellung. Nur wenige Meter von hier empfängt dich Michel in seiner Cidrerie *Ferme de la Sapinière (Route de Port-en-Bessin | April–Mitte Nov. Mo–Sa 10.45 und 15.30 Uhr, 14.30 Uhr englischsprachige Führung | fermedelasapiniere.com | ⏱ 1 Std.)* und weiht dich in die Geheimnisse der Produktion edler Apfelgetränke ein. Sein Cidre Rivage ist ein idealer Begleiter guter Rohmilchcamemberts. Die Früchte des Guts und sein Know-how brachten ihm Goldmedaillen für seinen Apfelsaft und den *pommeau* ein. Daneben produziert er auch Calvados. ▭ *E3–4*

⁴³ POINTE DU HOC

Als strategischer Punkt dieses landschaftlich wunderschönen Küstenabschnitts war die Pointe du Hoc bei der Invasion heiß umkämpft. Die wichtigsten Szenen des Films „Der längste Tag" wurden hier gedreht. Das Kap, an dem du noch immer zahlreiche tiefe Bom-

Omaha Beach: Tausende US-Soldaten kostete die Befreiung Europas das Leben

benkrater sehen kannst, ist heute eine Gedenkstätte. Den Meeresfang kann man auf dem täglichen Fischmarkt in *Grandcamp-Maisy* begucken, beschnuppern und natürlich kaufen. In der Nähe, an der „Allee des Friedens" 7,5 km südlich in *La Cambe* an der Route Nationale 13, befindet sich mit dem *Cimetière Allemand (Infozentrum März–Mitte Nov. Mo–Fr 8–19, Sa/So 9–19, Mitte Nov.–Feb. tgl. 8.30–17 Uhr | lacambe.fr)* der größte deutsche Kriegsfriedhof der Normandie, auf dem 21 222 hier gefallene Soldaten ihre letzte Ruhe fanden. ▭ *E3*

MANCHE

WILD UND STURMERPROBT

Mehr als 300 km Küste rund um die in den Ärmelkanal („Manche")
reichende Halbinsel Cotentin prägen das westlichste der fünf
normannischen Departements. Die Region pulst im Rhythmus
der Gezeiten, die bei Granville mit bis zu 14 m den höchsten
Tidenhub Europas erreichen.

Liegeplätze für Segelboote in den Yachthäfen werden hier nach
Hunderten gezählt. Breite Sandstrände von manchmal mehr als
20 km Länge säumen die Küste, immer wieder unterbrochen von

Nicht immer ist das Meer hier so friedlich: Goury auf der Halbinsel La Hague

mächtigen Kaps mit bis zu 128 m Höhe (Nez de Jobourg). Selbst im Hochsommer bleibt genügend Platz, um die Schnur des Drachens in voller Länge abzuspulen.

In der immergrünen Wallheckenlandschaft dahinter setzen schöne Dörfer Akzente. Stille Wasserläufe stehen sinnbildlich für den Eindruck, dass die Zeit hier noch ein langer, ruhiger Fluss ist. Und wer sich im Urlaub auch Kultur gönnen möchte, findet mit dem Mont-Saint-Michel oder dem Kloster von Hambye allerbeste Adressen.

MANCHE

12 Halbinsel La Hague ★

Querqueville
Plage de Vauville
Château de Nacqueville
11

Plage de Sciotot
D650
La Scye

Grande Plage de Barneville
Barneville
Carteret
Portbail
13

Passage de la Déroute

105 km, 1 Std. 40 Min.

Saint Peter Port

CHANNEL ISLANDS
(GB)

Saint Helier

150 km, 2¼ Std.

Îles Chausey 15

Golfe de St. Malo

MARCO POLO HIGHLIGHTS

★ **VILLEDIEU-LES-POÊLES**
In den Werkstätten der Glockengießer und Kupferschmiede ➤ S. 118

★ **PHARE DE GATTEVILLE**
Phantastischer Rundblick vom Leucht-turm an der Pointe de Barfleur ➤ S. 107

★ **HALBINSEL LA HAGUE**
Idyllische Postkartendörfer in maleri-scher Heidelandschaft ➤ S. 110

★ **GRANVILLE**
Bunter Fischerhafen und eine spekta-kulär gelegene Oberstadt ➤ S. 112

★ **COUTANCES**
Die Kathedrale Notre-Dame gilt als ein architektonisches Wunder ➤ S. 114

★ **LE MONT-SAINT-MICHEL**
Der legendäre Klosterberg ist ein Muss ➤ S. 119

```
10 km
6.22 mi
```

BRETAGNE   Saint-Malo

CHERBOURG

(🗺 D3) **Die Hafenstadt (offiziell mit den umliegenden Gemeinden: Cherbourg-Octeville) dient als Anlegeplatz für Kreuzfahrtschiffe und Fähren nach England und Irland und besitzt mit 11 000 Bootsbesuchen jährlich einen der meistfrequentierten Yachthäfen Frankreichs.** Bereits während des 100-jährigen Kriegs bestanden starke Befestigungsanlagen, die Ende des 17. Jhs. zerstört wurden. Eine Meisterleistung: Zum Schutz des Militärhafens begann man 1783 mit dem Bau der noch immer größten künstlichen Reede Europas. Die Dämme ruhen auf Millionen von Tonnen aufgeschütteten Gesteins von Steinbrüchen der Umgebung.

Heute beherbergt Cherbourg die nach Brest und Toulon drittgrößte französische Flottenbasis; hier ist die Abeille Liberté stationiert, das Schwesterschiff

des größten Hochseerettungsschleppschiffs der Welt, der Abeille Bourbon aus Brest. Die Wirtschaft der 80 000-Ew.-Stadt ist vor allem durch Werft- und Metallindustrie geprägt. Viele Filme wurden in und um die Stadt gedreht, unter ihren Regisseuren sind Namen wie Roman Polanski, Eric Rohmer und Steven Spielberg.

SIGHTSEEING

CITÉ DE LA MER 🏖 👥

Der imposante Art-déco-Komplex des ehemaligen Transatlantikterminals bildet die Kulisse für Entdeckungen rund um die Themen Tauchen und Meer: Neben zahlreichen Aquarien (u. a. das mit 11 m höchste Europas) erlebst du – auf Wunsch begleitet vom Audioguide (deutsch) – die 128 m lange *Redoutable,* das einzige Atom-U-Boot der Welt, das für die Öffentlichkeit freigegeben ist. Monströs, aber hochinteressant – ebenso wie die spannende Ausstellung über den Halt der Titanic in Cherbourg, die hier 281 Passagiere und den Champagner für ihre verhängnisvolle Atlantikfahrt aufnahm. Wechselnde, teils interaktive Ausstellungen, Aquarien und die Nachbildung von Brücke und Decks des Schiffs interessieren und erfreuen auch Kinder. *Gare Maritime Transatlantique | stark gestaffelte Zeiten s. Website | citedelamer.com | ⏱ 3 Std.*

PARC EMMANUEL LIAIS

Die über 100 Jahre alte Gartenanlage des Astronomen mit Hang zum Abenteuer und ausgedehnten Forschungsreisen enthält sehenswerte Sammlun-

---

Auf gut 6 km summieren sich die Hafenmolen – Platz für lange Abendspaziergänge

gen exotischer Pflanzen. Im Park steht sein ehemaliges Wohnhaus, heute ein kleines ☎ *Privatmuseum (bei Redaktionsschluss wg. Restaurierung geschl.)* mit Mineralien, Fossilien, archäologischen Fundstücken und Kuriositäten aus dem 18. und 19. Jh. *Rue de l'Abbaye | Mai–Aug. tgl. 8–19.30, März/April und Sept.–Mitte Okt. 8–18.30, Mitte Okt.–Jan. 8.30–16.45, Feb. 8.30–17.45 Uhr*

BASSIN DU COMMERCE

Ältester Teil der Hafenanlage (1831) ist das restaurierte Altstadtviertel. In den Straßen des *Quartier des Halles* lässt es sich schön bummeln und essen.

FORT DU ROULE & MUSÉE DE LA LIBÉRATION

Einen Rundblick über das Häusermeer und die sich weit ausdehnenden Hafenanlagen bietet am südöstlichen Stadtrand die auf der 112 m

hohen Montagne de Roule errichtete Festung aus dem 19. Jh. Aus dem Steinbruch des Bergs stammen einige Tausend Felsblöcke aus Rohsandstein *(= roule),* mit denen die künstliche Reede errichtet wurde. In der Festung befindet sich das *Musée de la Libération (Di–Fr 10–12.30 und 14–18, Sa/So 13–18 Uhr),* das die Geschichte der Befreiung Cherbourgs im Zweiten Weltkrieg erzählt und die Rolle des Hafens während der Landung der Alliierten in der Normandie darstellt.

RESTAURANT CAFÉ DE PARIS

Seit 1803 eine verlässliche Adresse für Frisches aus dem Meer. Das wenig phantasievolle Interieur machen Spezialitäten wie der mit Calvados flambierte Grillhummer schnell wett. Bei schönem Wetter kann man draußen mit herrlichem Blick aufs Hafenbecken

Puppenstuben-Normandie: Bötchen im Häfchen am Cap Lévi

essen. *Mo-Mittag und So geschl.* | *40, Quai de Caligny* | *Tel. 02 33 43 12 36* | *restaurantcafedeparis.com* | €€

L'ANTIDOTE

Austern aus Saint-Vaast-la-Hougue, diverse Schalen- und Krustentiere sowie normannische Käseplatten im Herzen der Stadt. *So/Mo geschl.* | *41, Rue au Blé* | *Tel. 02 33 78 01 28* | *restaurantcherbourg.fr* | €€

SPORT & SPASS

Der Yachthafen *Port Chantereyne* ist mit seinen 1500 Liegeplätzen viel besuchter Ausrichter internationaler maritimer Veranstaltungen und Tummelplatz der internationalen Seglerszene. Informationen zum Segeln und Kurse bei der *École de Voile Cherbourg* (*Place Napoléon* | *Tel. 02 33 94 99 00* | *ecole-voile-cherbourg.com*).

STRÄNDE

Westlich der Werftanlagen *(Blvd. de la Mer/Blvd. de la Saline)* befindet sich mit der *Plage de la Saline* ein langer Sandstrand. Von hier ist es nicht weit ins benachbarte *Querqueville* mit langem Sandstrand. Östlich des Hafens liegt mit der *Plage de Collignon* ein Sandstrand, an dem du stadtnah Wassersport (Kajak, Surfen, Segeln, Kitesurfen) treiben und den Sonnenuntergang genießen kannst.

AUSGEHEN & FEIERN

Im Hafenviertel, vor allem in der *Rue du Port* und der *Rue de l'Union,* finden sich reichlich Kneipen für ein ausgedehntes Nachtleben. Empfehlenswert sind die Bierbar *Eldorado (52, Rue François La Vieille),* die Bar *Yalta (46, Quai de Caligny)* mit Bier und <mark>einer großen Auswahl sehr guter Burger aus normannischen Zutaten</mark> und die kultige Rockbar *Le Kraken (20, Rue des Fossés | Facebook).*

INSIDER-TIPP
Für den spä-
ten Hunger

RUND UM CHERBOURG

🟩 CHÂTEAU DES RAVALET

5 km östlich von Cherbourg/20 Min. mit dem Rad

Das elegante Schloss aus dem 16. Jh. im Stil der italienischen Renaissance in *Tourlaville* ist von einem schönen Park mit prunkvollen Gartenhäusern, zwei Teichen und einem Gewächshaus umgeben. Palmen und Blumen verbreiten südländisches Flair. *Mai–Aug. tgl. 8–20, Sept. 8–19, Okt. 8–18.30, Nov.–April 8–17 Uhr |* ⏱ *2 Std. |* 🔲 *D3*

🟩 CAP LÉVI

17 km östlich von Cherbourg/25 Min. über die D 116

Am Ende dieser pittoresken Landspitze steht ein kleiner Leuchtturm (1947) gleichen Namens. Von da hast du einen schönen Blick auf die nahen Untiefen und starken Strömungen. Hier ist nahe der Küste 1932 das Patrouillen-U-Boot Prométhée ohne Feindeinwirkung oder Felskontakt mit 69 Mann an Bord plötzlich gesunken.

Nur sieben Besatzungsmitglieder wurden gerettet. Das 92 m lange Schiff ist das größte U-Boot-Wrack im Ärmelkanal. 🔲 *D2*

🟩 BARFLEUR

28 km östlich von Cherbourg/30 Min. über die D 901

Einst war der Hafen wichtige Drehscheibe der normannischen Herzöge (und damit englischen Könige) von und nach England. Das Transportschiff der Könige ankerte hier. Alte Karten und Unterwasserfunde zeigen, dass der Ort (600 Ew.) einst viel größer war, bevor das Meer Stadtviertel und Hafenanlagen verschluckte. Heute ist Barfleur mit der charmanten Kirche *Saint-Nicolas* aus dem 17. Jh. offiziell eines der „schönsten Dörfer Frankreichs".

Über die Küstenstraße erreicht man nach 2 km die *Pointe de Barfleur,* die Nordostspitze des Cotentin, mit dem 75 m hohen Leuchtturm ⭐ *Phare de Gatteville (Mai–Mitte Juli tgl. 10–12 und 14–18.30, Mitte Juli–Aug. Mo 14–18.30, Di–So 10–18.30, April und Sept. Mo 14–18, Di–So 10–12 und 14–18, März und Okt. Mo 14–17, Di–So 10–12 und 14–17 Uhr | phare-de-gatteville.fr)* von 1834, dem zweithöchsten Leuchtturm Europas. Nach 365 Stufen, 52 Fenstern und zwölf Etagen erwartet dich ein imposantes Ärmelkanalpanorama. Hier wurden Szenen des 80er-Jahre-Kultfilms Films „Diva" von Jean-Jacques Beineix gedreht. Der heute von der Marine als Semaphor genutzte Bau neben dem Leuchtturm ist übrigens dessen Vorgänger aus dem 18. Jh. 🔲 *E2*

❹ SAINT-VAAST-LA-HOUGUE

30 km östlich von Cherbourg/35 Min. über die D 63, D 24, D 56 und D 1

1692 fand hier eine bedeutende Seeschlacht statt. Die englisch-holländische Koalition brachte den Franzosen eine bittere Niederlage bei. Heute ist in dem durch seine Austerngärten bekannten Fischerort (1700 Ew.) wieder Ruhe eingekehrt. Sandstrand, Yachthafen und mildes Klima ließen das schöne Städtchen zu einem beliebten Badeort werden. Sehenswert ist die mächtige *Vauban-Festung* mit 3 m dicken Mauern. Umwandere die ans Meer gebaute Anlage und genieß dabei tolle Ausblicke auf die See!

Der Besuch in Saint-Vaast lohnt schon wegen der *Épicerie Gosselin (27, Rue de Verrüe | maison-gosselin.fr),* die seit 1889 von derselben Familie bewirtschaftet wird. In traditioneller Ladeneinrichtung bieten Lucie und Paul Gosselin in fünfter Generation hochwertige Feinkost (z. B. 70 Gewürzarten und -mischungen) und ebensolche Beratung. Ein hervorragendes Restaurant ist das *Les Fuchsias (Mo und mittags geschl. | 20, Rue du Maréchal-Foch | Tel. 02 33 54 40 41 | france-fuchsias. com | €€€).* Wenn du den köstlichen Kaisergranat, Saint-Vaast-Austern, das vegetarische Menü oder gar den mit Calvados flambierten Hummer auf der wunderschönen Veranda serviert bekommen möchtest, empfiehlt es sich sehr, zu reservieren. 🗺 *E3*

❺ ÎLE DE TATIHOU

5 Min. von Saint-Vaast mit der Fähre

Rund 1 km vor der Küste liegt die Insel mit einer kompakten Vauban-Festung (Unesco-Welterbe) aus dem 18. Jh. Das nahezu unbewohnte Eiland ist ein Lieblingsplatz von etwa 150 Vogelarten in einem 3 ha großen Schutzgebiet. Das *Musée Maritime (April–Sept. tgl. 10–18, Juli/Aug. bis 19 Uhr)* informiert über Geschichte, Flora und Fauna der Insel, aber auch über Fischereiwirtschaft.

Es empfiehlt sich eine rechtzeitige Onlinebuchung der Überfahrt *(April–Mitte Nov., Abfahrtszeiten tidenabhängig zwischen 10 und 16 Uhr),* da täglich nur 500 Personen zur Insel dürfen und das Amphibienboot nur 58 Plätze hat. Auskunft und Tickets: *Quai Vauban | Saint-Vaast-la-Hougue | Tel. 02 14 29 03 30 | manche.fr/tatihou |* 🗺 *E3*

❻ VALOGNES

20 km südlich von Cherbourg/20 Min. über die N 13

Das im Herzen des Cotentin gelegene Städtchen (6800 Ew.) verlor zwar 1944 im Zweiten Weltkrieg seine schöne Altstadt, besitzt aber noch immer Zeugnisse seiner bis in die Römerzeit zurückreichenden Geschichte. Wunderschöne Stadtpaläste aus dem 18. Jh. wie das *Hôtel de Beaumont (11, Rue Barbey d'Aurévilly | Juli/Aug. Mo-Sa 10.30–12 und 14.30–18.30, So 14.30–18.30, Ostern und Pfingsten 14.30–18.30 Uhr | hoteldebeaumont. fr)* haben dem Ort den Beinamen „Versailles normand" eingebracht. In der *Maison du Grand Quartier* aus dem 15. Jh. ist das *Musée Régional du Cidre (Rue du Petit Versailles | Juli/ Aug. Mo-Sa 11–18.15, So 14–18.15, April–Juni und Sept. Mi–So 14–18.15 Uhr)* untergebracht, das die 500-jähri-

ge Geschichte des Cidre präsentiert.
D3

7 SAINTE-MÈRE-EGLISE

*37 km südöstlich von Cherbourg/
35 Min. über die N 13*

Entgegen vielen Darstellungen war der Ort nicht der erste, der 1944 von den Alliierten aus der deutschen Besatzung befreit wurde. In die Kriegsannalen ging er dennoch ein: Die am Kirchturm hängende Puppe erinnert an den US-Fallschirmspringer John Steele, der durch einen Absprungfehler hier hängen blieb und sich über zwei Stunden totstellte, um nicht von Wehrmachtssoldaten erschossen zu werden. Darstellungen über die Alliiertenlandung zeigt das *Musée Airborne (14, Rue Eisenhower | Mai–Aug. tgl. 9–19, April und Sept. 9.30–18.30, Okt.–März 10–18 Uhr | musee-airborne. com).* *D3*

Wo man heute friedlich badet, begann 1944 blutig die Befreiung Europas

8 UTAH BEACH

*50 km südöstlich von Cherbourg/
45 Min. über die N 13, D 70 und D 913*

Der Strandabschnitt war einer der fünf Landeplätze der Alliierten. An die spektakuläre Landung 1944 zur Befreiung Frankreichs erinnert das *US-Memorial* am Meer. *E3*

9 PARC NATUREL RÉGIONAL DES MARAIS DU COTENTIN ET DU BESSIN

50 km bis Carentan südöstlich von Cherbourg/40 Min. über die N 13

Ein großartiges Reservat für die Tier- und Pflanzenwelt der Normandie ist dieses große Moorgebiet im Zentrum der Halbinsel Cotentin, das besonders für Vogelfreunde attraktiv ist. Die durch das nahe Meer beeinflussten, flachen Sumpfgebiete sind im Winter oft überschwemmt. Erst im Frühjahr, wenn sich das Wasser zurückzieht, können die mit Binsen und Riedgras bewachsenen Wiesen als Weideland genutzt werden. Die Moorgebiete lassen sich durch Bootsfahrten auf der Douve und der Taute, durch Seetouren in die Baie des Veys, durch Ausflüge und natürlich zu Fuß und per Rad entdecken. Bester Ausgangspunkt ist die alte Bischofsstadt *Carentan*. Unvergesslich ist ein auch für Anfänger geeigneter Ausritt

INSIDER-TIPP
Zu Pferd ins Moor und ans Meer

durchs Moor oder zu den Landungsstränden mit *Equi'rando du Houx (Ferme du Canada | Grandcamp-Maisy | Tel. 02 31 22 62 55)*. Schön für Familien ist eine 🚌 *Kutschfahrt (16, Rue Émile Demagny | Tel. 02 31 21 46 00 | short.travel/nmd7)* durch den Park ab *Isigny-sur-Mer.* 🗺 *D–E 3–4*

🔟 QUERQUEVILLE

8 km westlich von Cherbourg/30 Min. über den Radweg an der D 901
Die Ausmaße der größten künstlichen Reede Europas, an der fast 100 Jahre lang gebaut wurde, lassen sich am besten etwas außerhalb Cherbourgs bewundern. Im Hafen von Querqueville kannst du den eindrucksvollen, kilometerlangen Damm bis zu seinem Ende begehen. Achte trotz der tollen Aussicht auf Wind und Wellen! 🗺 *D2*

INSIDER-TIPP
Spaziergang zwischen Himmel und Meer

🔢 CHÂTEAU DE NACQUEVILLE

10 km westlich von Cherbourg/ 20 Min. über die D 901 und D 45
Das Renaissanceschloss aus dem 16. Jh. beeindruckt durch seine schöne Fassade und den romantischen, im englischen Stil mit Eichen und Rhododendren angelegten Park. Mittendrin ein fotogenes Torgebäude aus dem 16. Jh. *Mai–Sept. Do, Fr, So 12–17 Uhr | nac queville.com |* ⏱ *1 Std. |* 🗺 *D2*

🔢 HALBINSEL LA HAGUE ⭐

30 km bis Goury westlich von Cherbourg/30 Min. über die D 901
Man spürt, dass die wildromantische Halbinsel einst bretonisch war: Orte wie *Auderville, Omonville-la-Rogue* oder *Saint-Germain-des-Vaux* erinnern mit ihrer granitenen Urwüchsigkeit stark an die Bretagne, die das Gebiet 933 an die Normandie abtreten musste. Mächtige Kaps wie das 128 m hohe *Nez de Jobourg* mit grandiosem Panorama rahmen pittoreske, kleine Häfen ein. Das bezaubernde Örtchen *Goury* im äußersten Nordwesten des Cotentin hat einen kuriosen Hangar mit Drehscheibe für das Seenotrettungsboot; wegen der Nähe zur berüchtigten, bis zu 20 km/h schnellen Strömung Raz Blanchard ist der Standort gut gewählt, denn der vorgelagerte Leuchtturm im Meer ließ schon so manchen sich in trügerischer Sicherheit wähnen.
Der Küstenwanderweg GR 223 verbindet diese Höhepunkte auf spektakuläre Weise. Leider ist die traumhafte Landschaft nicht ohne Makel: Landeinwärts steht die umstrittene atomare Wiederaufbereitungsanlage La Hague, deren Sicherheitskonzept immer wieder kritisiert wird. Weiter südlich befindet sich in Flamanville zudem ein Atomkraftwerk, bei dem sich die ursprünglich für 2012 geplante Fertigstellung des dritten Reaktors wegen zahlreicher Probleme noch bis mindestens Mitte 2023 verzögert. Im Südwesten der Halbinsel lockt – leider nur 6 km von der Wiederaufbereitungsanlage – mit der 🌴 *Plage de Vauville* ein besonders attraktiver, bei Ebbe fast unendlicher Strand.
Das Restaurant *La Bruyère (Mo und außer Fr/Sa abends geschl., im Juli/ Aug. nur Sa-Mittag und Mo geschl. | Place de l'Église | Tel. 02 33 52 78 24 |*

Letzter Halt vor Jersey: In Barneville-Carteret legen Ausflugsboote zu den Kanalinseln ab

labruyere-50.com | €€) in Jobourg serviert vor einem großen Kamin nicht nur Frisches aus dem Meer, (probier das Carpaccio aus Jakobsmuscheln!), sondern auch ausgezeichnete, schön präsentierte Fleischgerichte und raffinierte Desserts. *C2*

🔞 BARNEVILLE-CARTERET

*35 km südlich von Cher-
bourg/40 Min. über die D 650*

Durch die Kanalinseln von der Brandung abgeschirmt und vom Golfstrom umspült, besitzt der beliebte Badeort (2300 Ew.) ein mildes Klima und saubere, feinsandige Strände mit hohen Dünen. Im Zentrum von Barneville steht die romanische *Pfarrkirche* mit kunstvollen Kapitellen. Hinaus zum *Leuchtturm* (Juli/Aug. tgl. 10.30–13 und 14 18, April–Juni und Sept. 10.30–12.30 und 14–18, Feb. Mi–So 14–17 Uhr) führt ein Weg zum *Cap de Carteret*, Ausgangspunkt für lange Klippen- und Strandwanderungen durch kaum berührte Natur. Über der langen, gepflegten und von einer Promenade gesäumten *Grande Plage de Barneville* mit Blick auf die Kanalinseln weht die Blaue Flagge. Auch die 20 Küstenkilometer nördlich des Städtchens sind sehr attraktiv; besonders schön ist die *Plage de Sciotot* am nördlichen Ende vor dem Cap de Flamanville, wo es auch im Sommer nicht voll wird.

Eine sichere Bank in puncto Speisequalität ist *La Marine* (Mo/Di und außer Sa/So mittags geschl. | 11, Rue de Paris | Tel. 02 33 53 83 31 | hotelmarine. com | €€€) im gleichnamigen Hotel an der Hafeneinfahrt von Carteret. Das Restaurant mit Panoramafenstern zum Wasser, durch die man die auflaufende Flut erlebt, spielt in der Topliga der französischen Kochkunst und setzt vor allem auf regionale Produkte aus dem Meer. ⌑ C3

14 PORTBAIL

45 km südlich von Cherbourg/45 Min. über die D 650

Bei diesem beliebten Badeort mit lebendigem Yachthafen erstrecken sich kilometerlange, von Dünen gesäumte Strände. Am Hafen steht die Wehrkirche *Notre-Dame* mit schönen Kapitellen romanischen Ursprungs. Auch die überbordende Meeresfrüchteplatte und die große Dessertauswahl im Restaurant *Les 13 Arches (Do-Abend und So/Mo geschl. | 9, Place Castel | Tel. 02 33 04 87 90 | 13arches.com | €€)* mit schönem Hafenblick sprechen für den Besuch des hübschen Orts. Am Strand kannst du dich im Strandsegeln versuchen oder mit dem Kajak aufs Meer fahren: *École du Vent (La Caillourie | Tel. 02 33 10 10 96 | ecole devoile-portbail.fr). ⌑ D4*

GRANVILLE

(⌑ D5) ★ **Granville ist – nicht zuletzt wegen der direkten Bahnlinie nach Paris – ein beliebtes Seebad.** Hier und in der Bucht des Mont Saint-Michel wird der höchste Tidenhub Europas gemessen. Mit den Nachbarorten Saint-Pair-sur-Mer und Jullouville im Süden sowie Donville-les-Bains, Bréville und Saint-Martin-de-Bréhal besitzt der Großraum mehr als 20 km bester Badestrände. Die spektakuläre Lage der Altstadt *(Haute Ville)* auf einem Felssporn und das Kasino verhalfen der Stadt (13 000 Ew.) zum Beinamen „Monte Carlo des Nordens". Der schöne Stadtstrand erstreckt sich zu Füßen des Kasinos vor einer imposanten Steilküste.

INSELHOPPING

Nur eine kleine Schiffsreise entfernt (Reisepass!), sind die britischen Kanalinseln vor der Küste des Cotentin abwechslungsreiche Ausflugsziele in einer Umgebung, die der Golfstrom in ein Gartenparadies verwandelt. Shopping auf Jersey, auf Victor Hugos Spuren auf Guernsey, Vogelbeobachtung auf Alderney, Radfahren auf Sark: Überall kannst du die Mischung aus französischem Savoir-vivre und britischem Lifestyle erleben. Ausführlich informiert der MARCO POLO Band „Kanalinseln". Fähren (kein Autotransport) nach Jersey und Guernsey verkehren von Diélette (auch Alderney), Barneville-Carteret, Portbail und Granville. Die Überfahrt dauert ca. 60–90 Minuten, Preisbeispiel: Jersey hin und zurück von Granville in der Hochsaison ab etwa 60 Euro *(manche-iles.com)*. Der Alderney Ferry Service *(alderneyferry services.co.uk)* plant derzeit eine Verbindung zwischen Cherbourg und Alderney.

SIGHTSEEING

REMPARTS (STADTMAUERN)

Der Rundgang auf den Stadtmauern mit dem befestigten Tor *Grande Porte* eröffnet wunderbare Rundblicke auf Bucht und Strände von Granville und die Îles Chausey.

MUSÉE CHRISTIAN DIOR

Über eine Steintreppe erreicht man vom Stadtstrand aus das Geburtshaus *Les Rhumbs* des Modeschöpfers mit prächtigem Garten. Im Innern der Belle-Époque-Villa ist ein Mode- und Kunstmuseum eingerichtet worden, eine Kultstätte der Fashionfans. *Rue d'Estouteville | Mitte Mai–Sept. tgl. 10–18.30 Uhr | musee-dior-granville.com | ⏱ 1½ Std.*

ESSEN & TRINKEN

LE PHARE

Vom Tisch im Obergeschoss geht der Blick über den Hafen – von dort kommt der exquisite Fisch mit Umweg über die Küche direkt auf den Teller. Oder, allerdings um einiges teurer, der gegrillte Chausey-Hummer. *So-Abend, Do-Abend und Mo geschl. | 11, Rue du Port | Tel. 02 33 50 12 94 | restaurant-lephare-granville.com | €€*

SPORT & SPASS

Die Gewässer zwischen Cotentin, Kanalinseln und Bretagne gehören zu Europas begehrtesten Segelrevieren (Segelhafen mit mehr als 1000 Liegeplätzen). Auch Wind- und Kitesurfer finden ideale Bedingungen.

Pilgerstätte für Fashionistas: Musée Christian Dior. Und einen schönen Garten gibt es auch!

STRÄNDE

INSIDER-TIPP
Schwimmen im Meer trotz Ebbe

Nördlich vom Hafen bietet ein großer Meerwasserpool an der *Plage du Plat Gousset* gezeitenunabhängige Badefreuden: Bei Flut wird er überspült und du kannst so auch noch bei Niedrigwasser im Meerwasser planschen. Südlich der Hafeneinfahrt liegt die *Plage du Herel* unter einer kleinen Promenade. In der nächsten Bucht gibt die Ebbe die *Plage d'Hacqueville* frei. Fährst du noch ein Stück weiter, erreichst du mit der *Plage du Fourneau* einen großen, aber wenig gepflegten Strand, der auch im Sommer nicht überwacht wird.

63? 117? 283? Bei den Îles Chausey ist Nachzählen zwecklos – die Tide nimmt, die Tide gibt

RUND UM GRANVILLE

15 ÎLES CHAUSEY

45–60 Min. mit der Fähre ab Gare Maritime de Granville

Den Besuch dieser Inselgruppe (52 Inseln bei Hoch-, 365 bei Niedrigwasser!) solltest du dir nicht entgehen lassen. Das Vogelparadies wartet mit einigen wunderbaren Badestränden auf. Unvergesslich ist ein Spaziergang rund um die einzige bewohnte Insel des Archipels, *Grande Île,* mit dem Schloss der Familie Renault. Spannend ist hier auch, die dramatischen Gezeitenunterschiede zu betrachten. Einen Tagesausflug auf die Insel findest du im Kapitel Erlebnistouren. *ve dettesjoliefrance.com* C5

16 CHEMIN DES DOUANIERS

13 km südlich von Granville/25 Min. über die D 911

Das Teilstück des alten Zöllnerpfads bei Champeaux oberhalb der Steilküste zwischen Zöllnerhaus und dem Felsvorsprung Pignon Butor gilt vielen als „schönster Kilometer Frankreichs". Bei gutem Wetter bietet sich ein sagenhaftes Panorama über die Bucht von Mont-Saint-Michel bis zu den Îles Chausey. Ein Sonnenuntergang hier wird zum unvergesslichen Erlebnis. D5–6

> **INSIDER-TIPP**
> **Dämmerstunde zum Träumen**

17 COUTANCES ⭐

30 km nördlich von Granville/40 Min. über die D 971

10 km vom Meer auf einer Anhöhe gelegen, galt der Ort (8500 Ew.) jahrhun-

dertelang als heimliche Hauptstadt des Cotentin. Eindrucksvoll ist die auf dem höchsten Punkt errichtete Kathedrale *Notre-Dame (tgl. 9–19, im Winter bis 18 Uhr)*. Durch die beiden Spitztürme und die wuchtige Vierung ist dieses Bauwerk aus dem 13. Jh. ein gutes Beispiel normannischer Gotik. Vom Turm öffnet sich ein phantastisches Panorama. Ein Spaziergang lohnt sich durch den *Jardin des Plantes (tgl. 9–20 Uhr | ⏱ 1 Std.)*, einen der ältesten botanischen Gärten der Normandie – im Hochsommer wird er wunderschön illuminiert. ⸪ *D4-5*

🔟 ABBAYE DE HAMBYE

32 km östlich von Granville/35 Min. über die D 971, D 13 und D 51

Die berühmte Abtei wurde 1145 gegründet und kam, ähnlich wie diejenige von Jumièges, unter die Räder der Revolution: Zwischenzeitlich als Bauernhof genutzt, wurde vor allem der Kirchbau teilweise als Steinbruch missbraucht. Vom einstigen Glanz des einflussreichen Klosters zeugen dennoch auch heute noch die eindrucksvollen Ruinen jener Kirche und der restaurierte Konvent. *Juli/Aug. tgl. 10–18, April–Juni und Sept. Mi–Mo 10–12 und 14–18, Okt. Mi–Fr 14–17.30 Uhr | ⏱ 45 Min. | ⸪ E5*

🔟 SAINT-LÔ

55 km nordöstlich von Granville/1 Std. über die D 971, D 13, D 51 und D 28

Ein Bombardement während der alliierten Landung am 6. Juni 1944 verwandelte die einst malerische Departementshauptstadt in die auch heute noch so genannte „Hauptstadt der Ruinen". Was hier in der Not der Nachkriegszeit an Architektur entstand, kann man nur schwerlich als schön empfinden. Dennoch hat die Stadt mit ihren 19 000 Ew. einen gewissen Charme, nicht zuletzt wegen ihrer Lage im Tal der Vire und der belebten Einkaufsstraßen im Zentrum.

Zu den Highlights zählen ein Rundgang über die *Remparts*, die mächtigen Festungsmauern, und der Besuch der Kirche *Notre-Dame* im Flamboyantstil. Im Osten der Stadt liegt das berühmte 🚩 Nationalgestüt *Haras National (Rue du Maréchal Juin | tgl. 10–17 Uhr | ⏱ 1½ Std.)*. Regelmäßig gibt es Vorführungen von Pferden und Gespannen (Termine auf der Website *polehippiquestlo.fr*) sowie im Juli/Aug. Führungen *(tgl. 14, 15, 16 und 17 Uhr)*. Wer Lust hat, auch mal selbst aufzusteigen, kann im Juli/Aug. an geführten Ausritten teilnehmen (Sa 14.30 und 16.30 Uhr). Sehenswert ist auch das *Musée d'Art et d'Histoire (Place du Champ de Mars | Juli/Aug. Di–So 10–12 und 14–18, Sept.–Juni 14–18 Uhr | ⏱ 2 Std.)* mit seiner Sammlung großer Maler wie Jean-François Millet, Eugène Boudin oder Camille Corot.

Sehr gute regionale Küche – Meeresfrüchte, Fisch, gegrilltes Entrecôte – zu moderaten Preisen und in freundlichem Ambiente erwartet dich in der *Brasserie les Capucines (So/Mo geschl. | 1, Rue Alsace Lorraine | Tel. 02 33 05 15 36 | Facebook | €€)*. Eine weitere gute Adresse für eine kulinarische Rast ist das *Péché Mignon (So-Abend und Mo geschl. | 84, Rue du Maréchal-Juin | Tel. 02 33 72 23 77 |*

lepechemignon.restaurant | €€) mit traditionellen Gerichten in innovativem, dabei ganz regionalem Gewand. Köstlich ist die geschmorte Entenbrust auf Camembertcreme!

Das Tal der Vire mit seinem alten Treidelpfad *(chemin de halage)* nördlich und südlich von Saint-Lô ist ein Paradies für Radler, Jogger und Wanderer. Zwischen Condé-sur-Vire und Gourfaleur eröffnen 👥 historische Draisinen auf der ehemaligen Eisenbahnlinie einen etwa 90-minütigen Familienspaß der besonderen Art *(Vélorail | Rue de la Gare | Tel. 02 33 05 46 55 | April–Sept. tgl., sonst während der frz. Schulferien, Reservierung erforderlich | velorail-normandie.fr).* Nahe Torigni gibts an den *Roches de Ham* und der gleichnamigen, sehr guten *Crêperie (So geschl. | Tel. 02 33 56 51 57 | creperie-lesrochesdeham.fr | €)* ein herrliches Panorama und Gelegenheit zum Klettern. 🗺 *E4*

AVRANCHES

(🗺 D6) **Die exponierte Lage über der Baie du Mont-Saint-Michel wies Avranches früh eine wichtige Rolle zu.**

Laut einer Legende sollen die Träume des Bischofs von Avranches im 8. Jh. zum Bau einer ersten Kapelle auf dem Mont Tumba (Grabberg) geführt haben, der später der Klosterbau des Mont-Saint-Michel folgen sollte. Durch das fruchtbare Umland ist die Stadt (10 000 Ew.) heute ein wichtiges Landwirtschaftszentrum. Vom Parkplatz an der Place Valhubert aus kannst du bequem die gemütliche Altstadt auf einem kleinen Rundgang erkunden.

SIGHTSEEING

DONJON
Aus den Resten der alten Befestigungsanlagen ragt der zinnen- und pechnasenbewehrte Bergfried aus dem 11. Jh. hervor.

SCRIPTORIAL D'AVRANCHES 👥
In einem modernen Betonbau werden kostbare Originale mittelalterlicher Buchmalerei der Schreibwerkstätten des Mont-Saint-Michel gezeigt. Auch für Kinder interessant, denn das Thema ist multimedial aufbereitet. *Place d'Estouville | April–Sept. Di–So 10–13 und 14–18 (Juli/Aug. bis 19), Okt.–Dez. und Feb./März Di–Sa 14–18 Uhr | scriptorial.fr | ⏱ 1½ Std.*

SAINT-GERVAIS
Die Basilika mit dem 74 m hohen, granitenen Turm ist das Wahrzeichen von Avranches. In der Kirche kannst du gleich rechts vom Westeingang, in einer Nische, einen Reliquienschrein mit dem durchlöcherten Schädel von Saint-Aubert, dem Erbauer der ersten Kapelle auf dem späteren Mont-Saint-Michel, und weitere Kunstschätze bewundern. *Place Saint-Gervais | tgl. 10–17.30 Uhr*

JARDIN DES PLANTES
Der frühere Klostergarten des Kapuzinerordens bezaubert durch seine

Pilgern mal anders: Wattwanderung durch die Bucht Richtung Mont-Saint-Michel

Botanische Wundertüte exotische Blütenpracht in zwölf Themengärten und den großartigen Blick hinüber auf den Mont-Saint-Michel. *Hinter der Place Carnot | tgl. 9 Uhr–Einbruch der Dunkelheit | 1 Std.*

ESSEN & TRINKEN

LE BISTROT DE PIERRE

Freundliches Ambiente im Bistrostil. Eine große Schiefertafel verkündet, was der Chef täglich frisch zubereitet. Die Spezialität des Hauses ist eine knusprige Tarte mit *andouillette* und Camembert. Lass noch etwas Platz für die köstliche Crème brûlée! *So/Mo geschl. | 5, Rue du Général-de-Gaulle | Tel. 02 33 58 07 66 | €*

SPORT & SPASS

PILGERWANDERUNG DURCH DIE BUCHT

Früher wurden die Pilgerreisenden zum Mont-Saint-Michel von den Fischern bei Ebbe quer durch die Bucht geleitet. Barfuß und in kurzen Hosen lässt es sich heutzutage von der Bec d'Andaine bei Genêts, einem Vorort von Avranches, mit Führern auf den Spuren der Pilger wandern. Es werden unterschiedlich lange Touren angeboten, darunter auch wunderbar stimmungsvolle Abendwanderungen. Nimm in jedem Fall ein Fernglas mit, denn in der Bucht sind oft viele Tiere zu beobachten. Auch ein unempfindliches Handtuch für die Füße sollte im Rucksack nicht fehlen; im Winterhalbjahr empfehlen sich Neoprenschuhe oder Gummistiefel. *Chemins de la Baie (Tel. 02 33 89 80 88 | cheminsdelabaie.com)*

RUND UM AVRANCHES

🔟 PLAGE DE LA DUNE 🦅

16 km westlich von Avranches/20 Min. über die D 911

Der auch im Sommer ruhige Strand in *Dragey-Ronthon* mit feinem Sand und phantastischer Aussicht auf den Mont Saint-Michel ist bei Ebbe perfekt zum Strandwandern und Muschelsuchen. Auch ein Parkplatz ist vorhanden. 📖 *D6*

🔟 VILLEDIEU-LES-POÊLES ⭐

25 km nordöstlich von Avranches/ 25 Min. über die A 84

Das vom Malteserorden im 11. Jh. gegründete Städtchen (3500 Ew.) im Tal der Sienne machten Kupferschmiede und Glockengießer zur legendären *cité du cuivre.* Heute noch sind die Glockengießerei *Fonderie de Cloches Cornille-Havard (Rue du Pont Chignon | Mitte Juli–Aug. tgl. 9.30–18.30, Sept.– Mitte Nov. und Mitte Feb.–Mitte Juli*

Wer den Mont-Saint-Michel zum ersten Mal sieht, ist geflasht: eine Fata Morgana im Meer?!

Di–Sa 10–12.30 und 14–17.30 Uhr | *cornille-havard.fr)* und einige Werkstätten zu besichtigen, in denen Pfannen, Töpfe und andere vorwiegend kupferne Utensilien gefertigt werden. In Nachbarschaft zur Touristeninformation findest du mit dem *L'Atelier (tgl. | 3, Rue Jules Ferry/Place des Costils | Tel. 02 33 90 51 00 | le-fruitier.com | €€)* ein Restaurant, in dem traditionelle Küche und Meeresfrüchte serviert werden. ⌁ *E5*

22 MORTAIN

35 km östlich von Avranches/40 Min. über die D 5

Der Ferienort (1500 Ew.) liegt an einem sanften Hügel. Bereits in der Norman-

nenzeit war die Stadt befestigt. Das Zisterzienserkloster *Abbaye Blanche* aus dem 12. Jh. wurde unlängst von einer Privatperson gekauft. Es gibt Pläne, im Kloster ein Handwerkszentrum einzurichten. Ein schöner Weg führt zur *Petite Chapelle* auf einem Hügel. Zwar bewegt man sich hier auf einem Schlachtfeld des Zweiten Weltkriegs, doch der Blick bei klarem Wetter bis zum 40 km entfernten Mont-Saint-Michel ist wunderschön. Am Ausgang der historischen Stadt liegt im Tal der Cance (vom Ortszentrum aus zu Fuß eine Stunde) die *Grande Cascade,* ein 25 m tief in wildes Granitgeröll stürzender Wasserfall. Von dort führt ein Fußweg weiter zur noch malerischeren *Petite Cascade.* ⌁ *E6*

INSIDER-TIPP
Spaziergang mit Weitblick

LE MONT-SAINT-MICHEL

(⌁ D6) **Eines der berühmtesten Bauwerke Frankreichs und das Wahrzeichen der Normandie ist das legendäre, auch als „Wunder des Abendlands" bezeichnete Benediktinerkloster ★ Le Mont-Saint-Michel.**

Dem Bau der Anlage ab 1017 ging eine erste Karolingerkirche voraus, deren Erdgeschoss als Fundamentkrypta der darüber gebauten Abteikirche erhalten ist. Seit 1979 steht die

Klosterburg auf der Unesco-Welterbeliste. Auf einem kreisrunden Granitkegel in der Baie du Mont-Saint-Michel gelegen und mit einer Höhe von 157 m schon von Weitem sichtbar, lassen sich heute weit mehr als 3 Mio. Touristen jährlich von ihr faszinieren.

Doch die Bucht drohte zu verlanden. Vor allem der Straßendamm, der den Glaubensberg mit dem Festland verband, aber auch die Kanalisierung des Flusses Couesnon waren schuld. Durch Damm und Parkplatz wurde nicht nur das Bild des Mont Saint-Michel beschädigt; die Bauten bremsten auch die Zirkulation des Wassers und ließen ihn zunehmend versanden. Hätte man nichts unternommen, wäre der Berg bis zum Jahr 2040 völlig verlandet und hätte inmitten von Salzwiesen gelegen. In einem fast 20 Jahre dauernden Bauprojekt wurde die Bucht renaturiert. Eine schlanke Stelzenbrücke ersetzt nun den Straßendamm aus dem 19. Jh. und bietet einen tollen Ausblick auf den Berg. Über sie ist der Berg ganzjährig zu erreichen – nur bei extremen Springfluten ist der Zugang für einige Stunden gesperrt.

Das Auto parkt man auf dem Festland. Vom nahen Infozentrum geht es dann zu Fuß (ca. 40 Min.) oder per Shuttle (10 Min.) zum Klosterberg. Pittoresker ist man mit dem *maringote* genannten Zweispänner (ca. 25 Min.) unterwegs.

SIGHTSEEING

Auf dem Klosterberg angekommen, bestimmt schon im Eingangsbereich, an der Porte de l'Avancée, vor allem aber in der zum Kloster hinaufführenden Grande rue, erhebliches Gedränge das Treiben zwischen Restaurants und Souvenirläden. Das war allerdings auch schon im Mittelalter so! Erst beim Aufstieg über steile Treppenwege lichten sich die Mengen. Hier passierst du die Verteidigungsmauern, Türme und Terrassen des Orts Le Mont-Saint-Michel, der sich den Kegelberg hinaufwindet. Erst am äußeren *Klostereingang (Mai–Aug. tgl. 9–19, Sept.–April 9.30–18 Uhr)* musst du Eintritt zahlen, der Ort selbst ist kostenlos zu besichtigen.

An der *Terrasse de l'Ouest* (Westterrasse) beginnen die Führungen durch die Klosteranlage, die du allerdings auch auf eigene Faust besichtigen kannst. Heute leben wieder Mönche und Nonnen der Bruderschaft des Hl. Jerusalem im Kloster. Dienstags bis samstags um 12 und sonntags um 11.15 Uhr können Interessierte mit angemessenem Respekt an der gesungenen Messe in der Abteikirche teilnehmen – neben dem spirituellen Erlebnis auch eine Gelegenheit, die Schönheit der Anlage zu genießen.

Höhepunkte sind der Kreuzgang, geschaffen als ein Ort der Stille und Meditation, und der grandiose Speisesaal, das Refektorium. Die schönen, mit normannischer Ornamentik versehenen Spitzbogenarkaden ruhen auf schlanken, doppelreihigen Säulen. In den *Salles des Hôtes* unter dem Kreuzgang begrüßte und bewirtete der Abt die hohen, reichen Gäste, während im Almosensaal die Pilger empfangen und milde Gaben an die Armen verteilt wurden. Auf dem Abstieg zum Ausgang beschließt auf der nördlichen Wehrmauer ein grandioser Rundblick über die Bucht, die Küste und das Meer die Fülle der Eindrücke. Komm am Abend wieder und lass

Im von seinem legendären Ruf zehrenden Restaurant *La Mère Poulard (18, Grande rue | Tel. 02 33 89 68 68 |*

Kreuzgang um den Klostergarten: ein Ort der Stille in all dem Trubel auf dem Klosterberg

dir den atemraubenden Sonnenuntergang über der Bucht nicht entgehen! Im Juli und August dürfen Nachtschwärmer außerdem auf sehr stimmungsvollen *promenades nocturnes* *(tgl. außer So | (noc turnes-abbaye.fr)* zu sphärischen Klängen auf einem etwa 1000 m langen Licht-und-Schatten-Parcours durch rund 20 Säle spazieren und sich von der mittelalterlichen Architektur zu Wachträumen inspirieren lassen.

INSIDER-TIPP
Lichtspiele in finsterer Nacht

lamerepoulard.com | €€€) bäckt man Omeletts mit goldenen Eiern und Diamantmehl – anders lassen sich die Preise nicht erklären. In einem mittelalterlichen Fachwerkhaus serviert das *Auberge Saint-Pierre (tgl. | Grande rue | Tel. 02 33 60 14 03 | auberge-saint-pierre. fr | €€)* Meeresfrüchte und traditionelle Gerichte in rustikalem Ambiente und im Hof. Im Obergeschoss des *Sirène Lochet (außer Juli/Aug. Do/Fr geschl. | Tel. 02 33 60 08 60 | €)* in der Grande rue kannst du dir preisgünstig gute Crêpes und *galettes* schmecken lassen.

![Küstenlandschaft mit Steilklippen]

ERLEBNIS TOUREN

Lust, die Besonderheiten der Region zu entdecken? Dann sind die Erlebnistouren genau das Richtige für dich! Ganz einfach wird es mit der MARCO POLO Touren-App: Die Tour über den QR-Code aufs Smartphone laden – und auch offline die perfekte Orientierung haben.

❶ STRANDLAUF UND STEILKLIPPEN: ENTLANG DER CÔTE D'ALBÂTRE

➤ Mit der Standseilbahn aufs Hochplateau
➤ Ein Kirchenfenster von Georges Braque über dem Meer bewundern
➤ Mit dem Zodiac zur Felsnadel von Étretat

 Le Tréport   Étretat

 gut 130 km   2 ½ Tage, reine Fahrzeit ca. 3 Stunden

TAG 1
❶ Le Tréport

32 km

❶ **Le Tréport** ➤ S. 59 bietet einen schönen Einstieg in die Küstentour, liegt es doch am Fuß der höchsten Kreideklippen ganz Frankreichs. *Fahr mit der kostenlosen historischen Standseilbahn auf das Hochplateau über*

Nirgends sind die Klippen der Côte d'Albâtre höher als an der Steilküste bei Fécamp

der Stadt und genieß die Aussicht! Nächste Station ist ❷ **Dieppe** ➤ S.56, das älteste französische Seebad. Bei einem Besuch der **Burg**, die über Stadt und Hafen thront, verschaffst du dir einen Überblick über Dieppe und seine Küste. Wenn dieser Anblick dir Lust auf Meer macht, machst du einen Abstecher an den **Strand**, ziehst die Schuhe aus und läufst durch den Sand. Während der Fahrt *über die D 75 und D 68* bleibst du der Küste nahe. Am Nachmittag erreichst du das Bilderbuchdorf ❸ **Varengeville-sur-Mer** ➤ S.61. Spazier durch den hübschen Ort – der Blumenpark **Bois des Moutiers** ist derzeit wegen Arbeiten geschlossen. In der Kirche **Saint-Valéry** siehst du ein Fenster von George Braque, der auf dem Kirchhof seine letzte Ruhe fand.

Wenige Kilometer weiter erreichst du mit ❹ **Saint-Valéry-en-Caux** das nächste beliebte Seebad. Besonders bei unruhiger See bieten die zum Teil bis in den Hafen hineinschwappenden Wellen hier ein interessantes Schauspiel. Ein schöner Platz, um bei frischen Meeresfrüchten das Geschehen zu beobachten, ist die Terrasse des **Restaurant du Port** *(Do-Abend, So-Abend und Mo geschl. | 18, Quai d'Amont | Tel. 02 35 97 08 93 | restaurant-du-port-76.fr | €€)* mit sehr guter (Meeres-)Küche.

❷ **Dieppe**

9 km

❸ **Varengeville-sur-Mer**

TAG 2

29 km

❹ **Saint-Valéry-en-Caux**

34 km

⑤ Fécamp

SCHLAUCHBOOTTOUR UND SCHOKOLADE

Über die D 925 gelangst du dann nach **⑤ Fécamp ➤ S. 61**. Mitten im Geschehen liegt hier das Hotel **Le Grand Pavois** *(hotel-grand-pavois.com)* mit großartigem Blick auf Hafen und Meer sowie modern und geschmackvoll eingerichteten Zimmern. Der Strand ist in wenigen Gehminuten erreichbar. Das Städtchen ist bekannt wegen seiner mächtigen, frühgotischen Abteikirche **Sainte-Trinité** – und mehr noch wegen seiner **Steilküste**, die einst der große Claude Monet malte. Die Klippen Fécamps sind die höchsten in der Normandie. Am eindrucksvollsten erlebst du dieses Panorama vom Wasser aus – bei einer zweistündigen **Tour mit dem Zodiac** *(La Mer Pour Tous | Quai Vauban | Tel. 07 69 31 48 13 | lamerpourtous.fr)*. Und weil Seeluft hungrig macht, probierst du dich anschließend bei **Chocolats Hautot** durchs Sortiment.

TAG 3

30 km

⑥ Étretat

SPAZIERGANG AUF DIE STEILKÜSTE

Dein letztes Ziel ist **⑥ Étretat ➤ S. 63**: Die berühmten **Felsnadeln** im Meer, neben dem Mont Saint-Michel *das* Wahrzeichen der Normandie, hast du gestern schon vom Meer aus gesehen. Jetzt erkundest du die spektakuläre Szenerie vom Land aus. Die Reihen der Touristen lichten sich schnell auf dem Weg die Steilküste hinauf. Auch wenn es anstrengend ist: Spazier hoch

INSIDER-TIPP
Mal ein Eis mit floralen Noten schlecken

und genieß den imposanten Ausblick! Zur abschließenden Stärkung gönnst du dir bei **Le Glacier d'Étretat** *(April–Okt. tgl. | 3, Blvd. Président René Coty)* ein Eis – 40 Sorten stehen zur Wahl, darunter ungewöhnliche Aromen wie Lavendel und Veilchen.

❷ EINE BOOTSTOUR ZU DEN ÎLES CHAUSEY

➤ **Per Schiff zu den Inseln vor Granville**
➤ **Zu Fuß die größte Miniinseln umrunden**
➤ **Erleben, wie aus 52 Inseln 365 werden – oder umgekehrt**

📍 Granville

🏁 Granville

⇄ ca. 40 km Bootsfahrt plus 5 km Fußwege

⛴ 1 Tag, reine Fahrzeit ca. 1 ¾ Stunden

ℹ Die Abfahrtszeit variiert nach den Gezeiten. Vorherige Onlinereservierung wird dringend empfohlen: *Tel. 02 33 50 31 81 | vedettesjoliefrance.com*

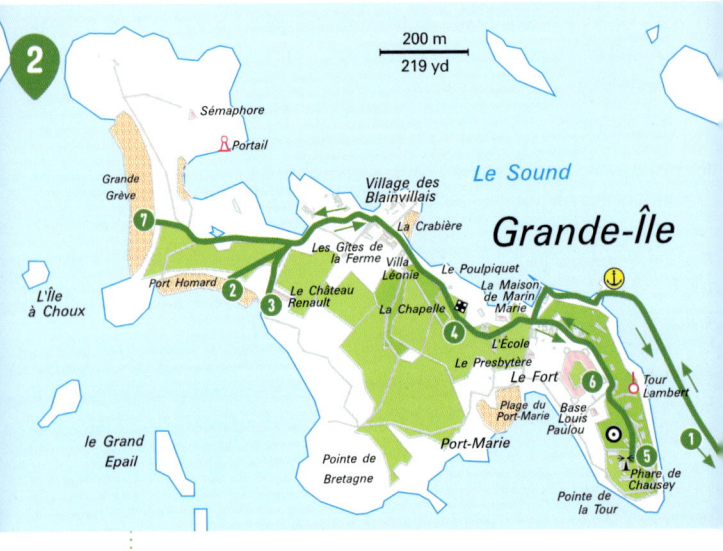

Sémaphore

Portail

Grande
Grève

Village des
Blainvillais

Le Sound

La Crabière

Grande-Île

Les Gîtes de
la Ferme

Villa
Léonie

Le Poulpiquet

La Maison
de Marin
Marie

Port Homard

Le Château
Renault

La Chapelle

L'Île
à Choux

L'École

Le Presbytère

Le Fort

Tour
Lambert

le Grand
Epail

Plage du
Port-Marie

Base
Louis
Paulou

Port-Marie

Pointe de
Bretagne

Phare de
Chausey

Pointe de
la Tour

---

❶ Granville

20 km

❷ Port Homard

250 m

❸ Château

650 m

In etwa 50 Minuten bringt dich das Schiff *vom Hafen in* ❶ Granville ► S. 112 ans Ziel: die 17 km vor der Küste gelegene Grande Île, größte und einzige bewohnte Insel des Archipels, ist Heimat einer Handvoll Fischerfamilien. Früher wurde auf Chausey Granit geschlagen, der auch beim Bau des Mont-Saint-Michel Verwendung fand. Heute leben die 30 Insulaner von Fischfang, Austernzucht und Tourismus.

EIN SCHLÖSSCHEN AUF DEM INSELCHEN

Vom Anleger folgst du dem (einzigen) Weg nach rechts. Er führt an einem Dutzend Häusern entlang, von denen viele nur im Sommer bewohnt sind, und geleitet dich gegen den Uhrzeigersinn zur Westküste, die du beim Strand ❷ Port Homard *erreichst.* Wer mag, hüpft hier schon ein erstes Mal ins Wasser. Für ein gerade mal 1,5 km langes und 500 m breites Eiland besitzt Grande-Île recht vielseitige Attraktionen. Dazu zählen vor allem das ❸ Château aus dem 19. Jh., Nachfolgebau einer älteren Festung, das der Automobilmagnat Louis Renault in den 1920er-Jahren restaurierte. Da hier einige Fischerfamilien leben, ist es nur von außen zu besichtigen. *Im Ort* passierst du eine hübsche, 1850 erbaute **④ Kapelle**. *An der Südspitze* schließlich steht der nur von außen zu besichtigende **⑤ Signalturm**. 1867 erbaut, wurde er 1939 stillgelegt.

EIN SNACK AUS DEM MEER

Nun ist es aber Zeit für eine Stärkung! Gönn dir im **⑥ Hôtel du Fort et des Îles** *(Mitte April–Sept. tgl. | Tel. 02 33 50 25 02 | hotel-chausey.com | €–€€)* ein Dutzend Austern, einen Teller Meeresschnecken mit hausgemachter Mayonnaise oder vielleicht sogar einen ganzen Taschenkrebs! Danach breitest du, wenn es das Wetter erlaubt, dein Badelaken an einem der vier Strände aus und beobachtest, wie aus 52 Inseln langsam 365 werden – oder umgekehrt. Lausch den Stimmen der Vögel – die Inseln sind u. a. die Heimat einer Kolonie von Kormoranen – und dem Glucksen und Plätschern der Wellen. Der nächstgelegene Strand vom Restaurant aus wäre Port Marie im Süden, der größte ist jedoch **⑦ Grande Grève** *im Nordwesten der Insel.*

HIER ZEIGT DIE TIDE, WAS SIE DRAUFHAT

Wo du morgens an Land gegangen bist, ist unterdessen eine bizarre Landschaft aus Inseln, Bergen und Ge-

| **④ Kapelle** |
| 650 m |
| **⑤ Signalturm** |
| 150 m |
| **⑥ Hôtel du Fort et des Îles** |
| 1300 m |
| **⑦ Grande Grève** |
| 21 km |

Jetzt aber schnell ins Wasser! Bei Ebbe ist das Meer nämlich wieder weg ...

① Granville

steinsbrocken aus dem Meer getaucht. Die Fähre liegt nun je nach Tidenstand mehr als 10 m unter dem Kai. Nach einer knappen Stunde bist du *zurück in* ① *Granville* ► S. 112. *Gleich am Hafen* erwartet dich das schöne Restaurant La Citadelle *(tgl. | 34, Rue du Port | Tel. 02 33 50 34 10 | restaurant-la-citadelle.fr | €€€)*. Hier kehrst du auf einen Aperitif ein und bleibst vielleicht auch gleich zum Abendessen. Der Hummer, der dir hier aufgetischt wird, stammt nämlich – jawohl! – von den Chauseyinseln.

❸ HÜGEL, FACHWERK, CIDRE: AUF DEM E-BIKE DURCHS PAYS D'AUGE

➤ Mit dem Rad das wunderschöne Pays d'Auge erkunden
➤ Durch eines der schönsten Dörfer Frankreichs bummeln
➤ Beim Erzeuger alles über Calvados und Cidre erfahren

📍	Dives-sur-Mer	🏁	Dives-sur-Mer
↻	rund 55 km	🚲	1 Tag, reine Fahrzeit ca. 3¼ Stunden

ⓘ Ein Leih-E-Bike bekommst du bei **Dives Evasion** *(Di–Sa 9.30–12.30 und 14–18.30 Uhr | 144, Av. des Résistants | Tel. 02 31 85 24 63 | dives-evasion.fr)* in ① **Dives-sur-Mer**. Die Tour weist zwar ein paar Hügel auf, ist aber auch mit einem normalen Rad zu schaffen.

① Dives-sur-Mer
13 km
② Beuvron-en-Auge
11 km

Startort ist ① Dives-sur-Mer, wo du ein Rad bzw. E-Bike leihst, wenn du kein eigenes dabeihast. *Über die kleine D 49 erreichst du* ② Beuvron-en-Auge. Es zählt zu den „schönsten Dörfern Frankreichs", was du bei einem Bummel zwischen den gepflegten, blumengeschmückten Fachwerkhäusern leicht nachvollziehen wirst. *An der Avenue de la Gare* befindet sich in der einstigen Dorfschule das Espace des Métiers d'Art, wo Kunsthandwerker Körbe und Keramik verkaufen. Antiquitätengeschäfte und Cidrerien sind ebenfalls reich vertre

Fachwerk und Blumenschmuck allüberall: In Beuvron gibt die Normandie alles

ten. Gut also, wenn dein E-Bike über große Satteltaschen verfügt!

CALVADOS STUDIEREN –
UND EIN SCHLÜCKCHEN PROBIEREN

Über kleine Nebensträßchen erreichst du von hier aus in einer guten halben Stunde ❸ Cambremer ➤ S. 83, ebenfalls ein bildschönes Dorf. Hier erfährst du mehr über Produktion und Genuss von Calvados. Der Ort ist u. a. Heimat des Traditionsbetriebs Manoir la Brière des Fontaines *(5, Av. des Tilleuls | calvados-huet.com)*, wo seit 1865 nicht nur Calvados destilliert wird, sondern auch Cidre, Apfelgelee und Apfelessig hergestellt werden. Schließ dich einer Führung *(April–Sept. tgl. 11, 15.30 und 16.30, Mo–Sa auch 14.30, auf Engl. Mo/Di 14.30 Uhr)* durch das prachtvolle Landgut an und nimm einen Schluck Calvados bei der Verkostung am Schluss.

STÄRKUNG VOR DER WEITERFAHRT

Im gemütlichen Restaurant Au P'tit Normand *(So-Abend und Mo geschl. | Place de l'Église | Tel.*

❸ Cambremer

14 km

Apfelkuchen, Apfelsekt, Apfelschnaps: unterwegs im Apfelland Pays d'Auge

02 31 32 03 20 | auptitnormand.com | €€) stärkst du dich mit normannischen Spezialitäten wie z. B. Entrecôte mit Camembertsauce. Vor der Weiterfahrt wirfst du noch einen Blick in die schöne Pfarrkirche *am Marktplatz*, die aufs 11. Jh. zurückgeht, und besuchst die Jardins du Pays d'Auge. Der Garten versammelt auf dem großen Gelände eines historischen Bauernhofs den ganzen Zauber dieser ländlichen Gegend.

ES LEBE DER APFEL!

Über Rumesnil und Bonnebosq erreichen Sie dann in rund einer Stunde kurz vor Beaufour-Druval die ❹ Cidrerie Gaec Le Page *(La Briqueterie | Tel. 02 31 65 12 75)* von Bernard Le Page. In seinem Apfelgarten wachsen 4500 Bäume, in seinem Keller kannst du Apfelsaft, Cidre, Calvados und sogar Birnencidre verkosten. Ein Geschäft gehört natürlich ebenfalls zum Anwesen.

EIN WUNDER-ORT IM WORTSINN

Nach einer weiteren halben Stunde Fahrt durch idyllische Landschaft bist du im Örtchen ❺ Dozulé. Hier

❹ **Cidrerie Gaec Le Page**

11 km

❺ **Dozulé**

siehst du *auf dem Hügel Haute Butte* das weithin sichtbare weiße Kreuz **Croix Glorieuse** – Erinnerung an eine Begegnung mit Christus, die Madeleine Aumont hier am 28. März 1972 zu Protokoll gab. Sie sah ein kreuzförmiges Licht am Himmel und hörte eine Stimme, die ihr sagte, sie möge das Kreuz des Herrn erkennen. Das erfuhr sie jedoch erst später, da sie die auf Lateinisch gesprochenen Worte selbst nicht verstand. Tatsächlich hatte Madeleine Aumont im Lauf der Jahre noch sagenhafte 48 weitere Christus-Erscheinungen. Da ihren Angaben zufolge definitiv kein Calvados im Spiel war, gilt der Hügel heute als Heiligtum. *Von Dozulé erreichst du dann über Cricqueville-en-Auge und das Nebensträßchen Chemin des Eaux wieder* ❶ **Dives-sur-Mer**.

GUT ZU WISSEN
DIE BASICS FÜR DEINEN URLAUB

ANKOMMEN

ANREISE

Wer will, kann den Großraum Paris vermeiden. Bei Anreise aus der Südhälfte Deutschlands: Auf der A 4 westlich von Reims der Beschilderung Rouen folgen und dann über die A 26 und A 29 via Saint-Quentin und Amiens. Diese Strecke ist etwas länger als die Route über Paris, meist aber viel schneller und vor allem stressfreier. Bei Anreise aus der Nordhälfte Deutschlands: Aachen–Lüttich–Valenciennes oder Eindhoven–Antwerpen–Lille und weiter über Amiens.

Mit der Bahn geht es aus dem Norden Deutschlands mit dem Thalys nach Paris-Gare du Nord, aus dem Süden mit dem TGV via Straßburg nach Paris-Gare de l'Est. In Paris per Metro, Bus oder Taxi zu den verschiedenen Abfahrtsbahnhöfen: von der Gare Saint-Lazare Richtung Rouen, Caen, Le Havre oder Cherbourg, von der Gare du Nord über Beauvais nach Le Tréport und von Paris-Montparnasse nach Argentan und Granville. *sncf.com*

Besonders preiswert ist die Anreise per Fernbus. Von diversen Städten erreicht man mit einem Buswechsel in Paris Le Havre und Rouen. Die Fahrzeit beträgt je nach Verbindung zwischen 14 und 24 Stunden.

Von allen größeren Flughäfen bestehen tägliche Verbindungen nach Paris. Der Weiterflug zu den Provinzflughäfen in der Normandie ist wegen des nötigen Flughafenwechsels in Paris und wegen der enormen Kosten nicht sinnvoll. Besser die Bahn benutzen!

EINREISE

Ausweiskontrollen an der Grenze kommen dank Schengener Abkommen fast nicht mehr vor. Trotzdem müssen EU-Bürger und Schweizer einen gülti-

Die Normandie ist ein perfektes Terrain zum Radfahren. Wenn nur der Wind nicht wäre!

gen Ausweis bei sich haben. Das gilt auch für mitreisende Kinder, die nicht im Pass der Eltern eingetragen sind.

KLIMA & REISEZEIT
Dem meist recht kurzen und milden, dafür aber vergleichsweise regenreichen und häufig windigen Winter folgt der meteorologische Frühling schon einige Wochen früher als in den meisten deutschen Regionen. Die offizielle Badesaison geht von Mitte Juni bis Mitte September. In Küstennähe bleibt die sommerliche Hitze meist erträglich. Die Nachsaison hält oft bis in den Spätherbst noch Tage mit 20 Grad bereit und das Meer erreicht zum Teil noch im Oktober bis zu 17 Grad.

Die Hochsaison mit entsprechenden Preisen für Hotels, Ferienwohnungen etc. ist meist auf Juli/August begrenzt. Die Normandie gilt vor allem den Parisern im Juli und August als klassische Sommerfrische. In Hotels, Ferienhäu-

sern und sogar auf Campingplätzen heißt es dann: *complet*. Wer nicht reserviert hat, läuft Gefahr, keine Bleibe zu finden. Wer kann, kommt direkt vorher oder nachher. Die Preise liegen dann um ca. ein Drittel niedriger. Viele Hotels und Restaurants haben im Winter ein paar Wochen Betriebsferien, einige Hotels – vor allem an der Küste – schließen auch das ganze Winterhalbjahr. Im Landesinneren wiederum haben mehrere Häuser während der Schulferien im Juli bzw. August zwei oder drei Wochen geschlossen.

WEITER-KOMMEN

AUTO
Die Höchstgeschwindigkeit beträgt auf Autobahnen 130 (bei Regen 110)

km/h, auf Schnellstraßen 110 (100) km/h, sonst 80, innerhalb geschlossener Ortschaften 50 km/h. Die Promillegrenze liegt bei 0,5. Motorräder müssen auch tagsüber mit Abblendlicht fahren. Dies gilt für alle Verkehrsteilnehmer bei Regen und Nebel. Befindet sich ein Kind im Fahrzeug, ist das Rauchen im Auto verboten.

In Ballungsräumen werden in Frankreich derzeit Umweltzonen („ZFE-m") eingeführt, in denen die Vignette Crit'Air Pflicht ist. In der Normandie betrifft das nur Rouen; bei Feinstaubalarm kann sie jedoch auch außerhalb von Großstädten verpflichtend sein. Je nach Schadstoffausstoß des Fahrzeugs, den die Vignette ausweist, können Fahrverbote in Kraft treten. Die Vignette kann unter *certificat-air.gouv. fr* für 4,51 Euro bestellt werden.

Wer rasch vorankommen möchte, benutzt trotz der Mautgebühren *(péage)* die Autobahn. Rechne mit ca. 10 Euro für 100 km. Auf *autoroutes.fr* zeigt dir ein Mautrechner an, welche Gebühren anfallen. Manche Strecken wie die A 84 Caen–Mont-Saint-Michel sind gebührenfrei. Den Abschleppdienst *(dépanneur-remorqueur)* vermittelt im Pannenfall die *Polizei (Tel. 17)*.

Beim Tanken bringen Preisvergleiche bis zu 15 Cent pro Liter an Ersparnis. Die niedrigsten Preise finden sich an den Zapfsäulen der großen *hypermarchés,* die höchsten auf der Autobahn. Die aktuellen Preise nahezu aller Tankstellen: *prix-carburants.gouv.fr.*

ÖFFENTLICHE VERKEHRSMITTEL

Frankreich besitzt ein ausgezeichnetes Eisenbahnnetz. In ländlichen Regionen wird es durch einen gut ausgebauten Buslinienverkehr ergänzt. Alle Fahrkarten muss man vor Besteigen des Zugs an den Stempelautomaten im Bahnhof entwerten. *sncf.com, ter.sncf.com/normandie*

TAXI

Taxen sind in Frankreich nicht auf eine Farbe festgelegt, haben aber ein „Taxi"-Schild auf dem Dach. Leuchtet es, ist das Taxi frei. Bei Tag und bei Nacht gelten unterschiedliche Tarife. Unter *taxis-de-france.com* kannst du die in den einzelnen Départements gültigen Tarife einsehen.

IM URLAUB

CAMPING

Die Kategorien der Campingplätze reichen von einfachem Komfort bis zur Luxusklasse. Darüber hinaus werden vielerorts Plätze auf *aires naturelles de camping* (kleine Campingplätze in freier Natur) und *camping à la ferme* (auf Bauernhöfen, mit weniger Komfort) angeboten. Wildes Camping ist verboten. Einen guten Überblick über die Qualität der knapp vier Dutzend *campings labellisés* der Normandie bietet die Website *normandie-qualite-tourisme.com.*

EINTRITTSPREISE

Kultur ist verhältnismäßig erschwinglich: In städtischen Museen zahlt man meist 5 bis 7 Euro Eintritt; der Besuch der Dauerausstellung ist sogar manchmal gratis (z. B. im Musée des Beaux

FESTE & EVENTS
RUND UMS JAHR

FEBRUAR/MÄRZ
Karneval (Granville), *carnaval-de-gran ville.fr*

OSTERN
Festival de Pâques de Musique Classique (Deauville), *musiqueadeau ville.com*

MAI
Fête du Fromage (Pont-l'Évêque): Käsefest mit 80 Produzenten
Pierres en Lumières (vielerorts), *pier resenlumieres.fr:* Licht- und Kunstfestival

MAI/JUNI
Jazz sous les Pommiers (Coutances), *jazzsouslespommiers.com:* Jazzfestival „unter den Apfelbäumen"
Fête des Marins (Honfleur) mit Meeressegnung und Prozession der Seeleute

JUNI
Dixie Days (Sainte-Adresse/Le Havre), *Facebook:* Jazzfestival

JULI
Médievales (Bayeux), *lesmedie vales.bayeux.fr:* Mittelalterfestival
Nationalfeiertag: Feiern und Feuerwerke in fast allen Orten am 14. Juli und am Vorabend
Fête de la Mer (Fécamp), *fecamp grandescale.com*

AUGUST
Les Traversées Tatihou (Île de Tatihou und Saint-Vaast-la-Hougue), *Facebook:* Folklorefestival
Grand Prix de Deauville: Festival und Pferderennen

SEPTEMBER
Festival du Cinéma Américain (Deauville), *festival-deauville.com*

OKTOBER
Fête de la Crevette st de la Pêche (Honfleur): Meeresfest mit Seglern, Musik und Verkostungen
Fête du Ventre (Rouen), *feteduventre. fr:* gastronomisches „Fest des Bauchs"

Arts in Rouen). Kleinere Museen kosten oft weniger (z.B. das Musée des Dentelles in Argentan: 3,50 Euro). Sogar Topattraktionen wie Le Mont-Saint-Michel *(11 Euro),* der Wandteppich von Bayeux *(11 Euro)* und Monets Haus und Garten *(11 Euro)* in Giverny sind recht günstig. Teurer kommen etwa eine Hafenrundfahrt in Le Havre *(15 Euro)* oder das Mémorial de Caen *(19,80 Euro).*

FEIERTAGE

1. Jan.	Neujahr *(Jour de l'An)*
März/April	Ostermontag *(Lundi de Pâques)*
1. Mai	Tag der Arbeit *(Fête du Travail)*
8. Mai	Kriegsende 1945
	(Victoire des Alliés en 1945)
Mai/Juni	Himmelfahrt *(Ascension)*
Mai/Juni	Pfingstmontag *(Lundi de Pentecôte)*
14. Juli	Nationalfeiertag *(Fête Nationale)*
15. Aug.	Mariä Himmelfahrt *(Assomption)*
1. Nov.	Allerheiligen *(Toussaint)*
11. Nov.	Kriegsende 1918 *(Armistice 1918)*
25. Dez.	Weihnachten *(Noël)*

GELD & KREDITKARTEN

Kreditkarten sind in Frankreich sehr gebräuchlich, auch für kleine Beträge. Geldautomaten sind überall vorhanden. EC-Karten werden ebenfalls überall akzeptiert.

INTERNETZUGANG & WLAN

In zahlreichen Restaurants, nahezu allen Hotels und vielen öffentlichen Gebäuden stehen WLAN-Hotspots *(wifi)* zur Verfügung.

JUGENDHERBERGEN

In der Normandie gibt es Jugendherbergen in Cherbourg, Eu, Genêts, Granville und Rouen. In der Hochsaison solltest du unbedingt rechtzeitig reservieren. *hifrance.org*

KURTAXE

In den Badeorten schlagen die Hotels eine obligatorische *taxe de séjour* auf den Übernachtungspreis. Sie liegt pro Tag und Person bei 0,20–4 Euro.

Kieselstrand von Étretat: Die offizielle Badesaison geht von Mitte Juni bis Mitte September

ÖFFNUNGSZEITEN

Frische Baguettes kannst du in Bäckereien schon ab 6.30 oder 7 Uhr kaufen. Lebensmittelgeschäfte öffnen gegen 8 Uhr, Kaufhäuser, Läden und Boutiquen um 9 oder 10 Uhr. Abgesehen von den großen Supermärkten schließen die meisten Geschäfte in der Mittagszeit von 12 bis 14 Uhr. Ladenschluss ist meist gegen 19 oder 19.30 Uhr. Manche Bäckereien und Supermärkte haben auch am Sonntagvormittag geöffnet, dafür sind montags viele Läden geschlossen. In Restaurants gibt es im Allgemeinen zwischen 12 und 14 Uhr Mittagessen, Abendessen außer in Touristenzentren nie vor 19 Uhr.

PRIVATUNTERKÜNFTE

In den meisten Orten bieten Privatvermieter mit Gästezimmern *(chambres d'hôtes)* und Ferienhäusern *(gîtes)* eine meist kostengünstige Alternative zu Hotelzimmern. Die lokalen Fremdenverkehrsämter halten Listen bereit, die meist auch im Internet einsehbar sind. Eine nationale private Institution ist *Gîtes de France* (regionaler Ableger: *gites-de-france-normandie.com*), die ein besonders großes Angebot an Privatunterkünften besitzt, vom Cottage bis zum Herrenhaus. Vor allem in den (Hoch-)Sommermonaten sind viele Ferienhäuser nur wochenweise (Samstag bis Samstag) zu mieten.

TELEFON & HANDY

Gespräche aus Frankreich: Vorwahl Deutschland *0049*, Vorwahl Österreich *0043*, Vorwahl Schweiz *0041*, danach Ortsvorwahl ohne die Null

WAS KOSTET WIE VIEL?

Kaffee	um 2,50 Euro *für eine Tasse Espresso*
Eis	2–3 Euro *für eine große Kugel*
Snack	7–8 Euro *für einen Croque Monsieur*
Benzin	1,75–1,80 Euro *für 1 l Super*
Keramik	um 10 Euro *für eine Tasse oder Müslischale*
Fahrrad	12–15 Euro *für die Miete pro Tag*

und dann die Rufnummer. Gespräche nach Frankreich: Vorwahl Frankreich *0033*, dann direkt die neunstellige Rufnummer ohne die Null am Anfang, innerhalb Frankreichs stets die komplette, zehnstellige Nummer.

TRINKGELD

Trinkt man nur einen Kaffee, lässt man ein paar Münzen auf dem Tisch liegen. Kellner, Taxifahrer, Friseure, Fremden- und Stadtführer sowie Hotelpagen und Zimmermädchen freuen sich immer über ein Trinkgeld (ca. fünf bis zehn Prozent). Auch sprachlich versierte und besonders kompetente Reiseleiter und Stadtführer sollte man entsprechend belohnen.

WOHNMOBILE

In der Normandie sind Wohnmobile meist gern gesehen. Während der

Sommermonate ist das Campieren jedoch nicht überall und jederzeit erlaubt. Quadratische, blaue Schilder mit Wohnmobilpiktogramm kennzeichnen erlaubte, meist städtische Plätze. Oft finden sich hier auch Wasserablass- oder -aufnahmestellen. Außerhalb des Sommers toleriert man vielerorts das Übernachten im Wohnmobil, auch an der Küste – Voraussetzung ist, dass man sich rücksichtsvoll verhält.

NOTFÄLLE

DIPLOMATISCHE VERTRETUNGEN

– *Deutsche Botschaft (13–15, Av. Franklin D. Roosevelt | Paris | Tel. 01 53 83 45 00 | allemagne.diplo.de)*

– *Österreichische Botschaft (6, Rue Fabert | Paris | Tel. 01 40 63 30 63 | bmeia.gv.at)*

– *Schweizer Botschaft (142, Rue de Grenelle | Paris | Tel. 01 49 55 67 00 | eda.admin.ch)*

GESUNDHEIT

Ein grünes Kreuz zeigt an, wo es eine *pharmacie* gibt. Die European Health Insurance Card EHIC wird anerkannt und bei umfangreichen medizinischen Leistungen als Nachweis einer ordnungsgemäßen Versicherung im Heimatland akzeptiert; Konsultationen beim Arzt sind jedoch normalerweise bar zu bezahlen (Kosten ca. 21–25 Euro). Auslagen für Arzt und ggf. Apotheke werden dann nach den Sätzen des Heimatlands erstattet. Eine Reisekrankenversicherung deckt eventuelle Kosten ab, die von der Kasse nicht übernommen werden.

NOTRUF

Allgemeiner europäischer Notruf (Polizei, Feuerwehr, Krankenwagen): *Tel. 1 12*

WICHTIGE HINWEISE

AUSKUNFT

Das *Comité Régional de Tourisme de Normandie* (info@normandie-tourisme.fr) antwortet schriftlich (auch auf Deutsch) auf E-Mails und Anfragen. Im Detail kennen die fünf *comités départementaux de tourisme* ihre Region. In den mehreren Hundert lokalen *offices de tourisme* bekommst du spezielle Auskünfte über den jeweiligen Ort.

– *Comité Départemental de la Seine-Maritime (Tel. 0033 2 35 12 10 10 | seine-maritime-tourisme.com)*

– Eure Tourisme (Tel. 0033 2 32 62 04 27 | eure-tourisme.fr)

– Calvados Tourisme (Tel. 0033 2 31 27 90 30 | calvados-tourisme.com)

– Comité Départemental du Tourisme de la Manche (Tel. 0033 2 33 05 98 70 | manchetourisme.com)

– Comité Départemental du Tourisme de l'Orne (Tel. 0033 2 33 28 88 71 | ornetourisme.com)

BADEREGELN & NATURGEFAHREN

Etwa alle zwölf Stunden und 25 Minuten zieht sich das Meer bei Ebbe teils sehr weit zurück und läuft dann gefährlich schnell wieder auf. In Zeitungen und an den Stationen der Strandwächter stehen die genauen Zeiten von Hoch- und Niedrigwasser, an Letzteren findest du auch Hinweise auf Strömungen oder andere Gefahrenquellen. In der Umgebung des Mont-Saint-Michel solltest du wegen gefährlicher Treibsande nur geführt wattwandern. Ähnliche Vorsicht gilt beim Baden im Meer, vor allem an unbewachten Strandabschnitten.

Vor allem an der Küste trocknet der Wind bodennahe Vegetation wie Farne, Ginster und Heidekraut schnell aus. Schon eine weggeworfene Zigarette oder eine Glasscherbe kann ausreichen, einen ganzen Küstenstrich in Flammen aufgehen zu lassen.

ZOLL

In der EU dürfen Waren für den privaten Gebrauch frei ein- und ausgeführt werden. Richtwerte hierfür sind z. B. 800 Zigaretten und 10 l Spirituosen. Für Schweizer gelten erheblich geringere Freimengen, u. a. 5 l Wein.

WETTER IN DEAUVILLE

Hauptsaison
Nebensaison

	JAN.	FEB.	MÄRZ	APRIL	MAI	JUNI	JULI	AUG.	SEPT.	OKT.	NOV.	DEZ.
Tagestemperaturen	9°	9°	12°	14°	17°	21°	22°	23°	22°	17°	14°	12°
Nachttemperaturen	5°	5°	6°	8°	10°	14°	16°	16°	15°	12°	9°	6°
☀ Sonnenschein Stunden/Tag	2	2	6	6	8	8	9	8	6	3	2	2
🌧 Niederschlag Tage/Monat	16	13	11	10	9	8	10	10	13	14	15	16
≈ Wassertemperatur in °C	11	10	10	10	12	14	17	18	18	17	14	12

☀ Sonnenschein Stunden/Tag   🌧 Niederschlag Tage/Monat   ≈ Wassertemperatur in °C

SPICKZETTEL
FRANZÖSISCH

ja/nein/vielleicht	oui/non/peut-être	ui/nong/pöhtätr
bitte	s'il vous plaît	ßil wu plä
danke	merci	märßih
Gute(n) Morgen!/Tag!/Abend!/Nacht!	Bonjour!/Bonjour!/Bonsoir!/Bonne nuit!	bongschuhr/bongschuhr/bongßoar/bonn nüi
Hallo!/Tschüss!/Auf Wiedersehen!	Salut!/Salut!/Au revoir!	ßalü/ßalü/o rövoar
Ich heiße …	Je m'appelle …	schö mapäll …
Ich komme aus …	Je suis de …	schö süi dö …
Entschuldigung!	Pardon!	pardong
Wie bitte?	Comment?	kommang
Das gefällt mir (nicht).	Ça (ne) me plaît (pas).	ßa (nö) mö plä (pa)
Ich möchte …	Je voudrais …	schö wudrä
Haben Sie?	Avez-vous?	aweh wu

ZEIGEBILDER

ESSEN & TRINKEN

Deutsch	Französisch	Aussprache
Die Speisekarte, bitte.	La carte, s'il vous plaît.	la kart ßil wu plä
Könnte ich bitte … haben?	Puis-je avoir … s'il vous plaît?	püischö awoar … ßil wu plä
Flasche/Karaffe/Glas	bouteille/carafe/verre	buteij/karaf/wär
Messer/Gabel/Löffel	couteau/fourchette/cuillère	kutoh/furschät/küijär
Salz/Pfeffer/Zucker	sel/poivre/sucre	ßäl/poawr/ßükr
Essig/Öl	vinaigre/huile	winägr/üil
Milch/Sahne/Zitrone	lait/crème/citron	lä/kräm/ßitrong
mit/ohne Eis/Kohlensäure	avec/sans glaçons/gaz	awäk/ßang glaßong/gaß
Vegetarier(in)	végétarien(ne)	weschetarijäng/weschetarijänn
Ich möchte zahlen, bitte.	Je voudrais payer, s'il vous plaît.	schö wudrä pejeh ßil wu plä

NÜTZLICHES

Deutsch	Französisch	Aussprache
Wo ist …?/Wo sind …?	Où est …?/Où sont …?	u ä …/u ßong …
Wie viel Uhr ist es?	Quelle heure est-il?	käl ör ät il
heute/morgen/gestern	aujourd'hui/demain/hier	oschurdüi/dömäng/jähr
Wie viel kostet …?	Combien coûte …?	kombjäng kuht …
Wo finde ich einen Internetzugang/WLAN?	Où puis-je trouver un accès a internet/wi-fi?	u püische truweh äng akßä a internet/wifi
Hilfe!/Achtung!	Au secours!/Attention!	o ßökuhr/attangßjong
Fieber/Schmerzen	fièvre/douleurs	fiäwrö/dulör
Apotheke/Drogerie	pharmacie/droguerie	farmaßi/drogöri
offen/geschlossen	ouvert/fermé	uwär/färmeh
gut/schlecht	bon/mauvais	bong/mowä
links/rechts/geradeaus	à gauche/à droite/tout droit	a gohsch/a droat/tu droa
Panne/Werkstatt	panne/garage	pann/garahsch
Fahrplan/Fahrschein	horaire/billet	orär/bije
0/1/2/3/4/5/6/7/8/9/ 10/100/1000	zéro/un, une/deux/trois/quatre/cinq/six/sept/huit/neuf/dix/cent/mille	sero/äng, ühn/döh/troa/katr/ßänk/ßiß/ßät/üit/nöf/diß/ßang/mil

URLAUBS FEELING

ZUM EINSTIMMEN & AUSKLINGEN

LESESTOFF & FILMFUTTER

AUF DER SUCHE NACH DER VERLORENEN ZEIT

Dieser Schlüsselroman des 20. Jhs. von Marcel Proust, erschienen 1913–1927, spielt größtenteils in der Normandie. Der Autor schrieb große Teile des siebenbändigen Werks im Grand Hotel von Cabourg.

DIE BRANDUNGSWELLE

Die 1961 geborene Claudie Gallay erzählt die Geschichte zweier Menschen, die persönliche Tragödien in ein entlegenes Fischerdorf auf der Halbinsel La Hague führen. Der fesselnde Roman von 2008 ist so atmosphärisch, dass man beim Lesen glaubt, das Salz in der Luft zu riechen.

DER SOLDAT JAMES RYAN

Steven Spielbergs Antikriegsfilm aus dem Jahr 1998 wurde zum Teil an Originalschauplätzen gedreht. Er schildert eindrücklich und sehr explizit die Heftigkeit der Kämpfe während und nach der alliierten Landung 1944.

MADAME BOVARY

Ein Klassiker der französischen Literatur ist Gustave Flauberts weltberühmter, in und um Rouen spielender Roman von 1857.

PLAYLIST ZEITREISE

0:58

⏸ **ERIK SATIE** – 3 GYMNOPÉDIES
So klar wie ein wolkenloser Tag an der Küste: drei Klavierstücke des Komponisten aus Honfleur

▶ **STONE ET CHARDEN** – MADE IN NORMANDIE
Der poppige Chanson passt perfekt zur Fahrt entlang der Küste

▶ **ALAIN SOUCHON** – PORTBAIL
Schöne Ballade des 1944 geborenen Liedermachers

▶ **PATRICIA KAAS** – HÔTEL NORMANDY
Die phantastische Stimme trägt leicht durch die ganze Normandie

▶ **CHARLES AZNAVOUR** – LES GALETS D'ÉTRETAT
Ein Chanson, so wuchtig, wie das Wasser in den Kieseln rauscht

▶ **SUPERGRASS** – ROAD TO ROUEN
Für die beschwingte Einfahrt nach Rouen eignet sich dieser zeitlose Song der Britpopper

Den Soundtrack zum Urlaub gibt's auf **Spotify** unter **MARCO POLO France**

Oder Code mit Spotify-App scannen

AB INS NETZ

MAVILLE.COM
Infos, Bilder und aktuelle Artikel zu Caen, Alençon, Granville, Cherbourg, Deauville, Trouville und Saint-Lô.

FRANCE-BLOG.INFO
Informativer Blog des Sprachenverlags Klett mit einem bunten Themenmix aus und über Frankreich.

CIRCUIT AOÛT 1944 MONTORMEL
Die App führt rund um Montormel auf die Spuren der letzten Kämpfe in der Normandie. Eine interaktive Karte zeigt die Etappen der Schlacht, dazu erzählt

Protagonistin Agata, eine aus Polen stammende Britin, die Geschichte ihres Großvaters, dessen Erfahrungen sie nachreist.

MÉTÉO MARINE
Zuverlässige App für Surfer, Segler und Badeurlauber, um sich über die Wind- und Wasserverhältnisse vor Ort zu informieren.

SHORT.TRAVEL/NMD9
Tipps und Routeninfos rund um die schönsten Radwanderwege durch die Normandie.

TRAVEL PURSUIT

DAS MARCO POLO URLAUBSQUIZ

Weißt du, wie die Normandie tickt? Teste hier dein Wissen über die kleinen Geheimnisse und Eigenheiten von Land und Leuten. Die Lösungen findest du in der Fußzeile. Und ganz ausführlich auf den S. 20–25.

❶ Weshalb wurde Jeanne d'Arc zum Tod auf dem Scheiterhaufen verurteilt?
a) wegen Ketzerei und Hexerei
b) wegen Hochverrat
c) wegen Kollaboration mit dem Feind

❷ Wo wurde der legendäre Modeschöpfer Christian Dior geboren?
a) Caen
b) Granville
c) Cabourg

❸ Wie lautete der Deckname der Landung der Alliierten?
a) D-Day
b) Operation Overlord
c) Mayday

❹ Womit verdienten normannische Frauen und Kinder im 17. Jh. häufig Geld?
a) Mit Algensammeln
b) Mit Stickereiarbeiten
c) Mit Spitzenklöppeln

❺ Wo lebte der Maler Claude Monet vor seinem Umzug nach Giverny?
a) Honfleur
b) Varengeville-sur-Mer
c) Rouen

❻ Für wen setzte sich Abbé Pierre besonders ein?
a) Für Kranke
b) Für Waisenkinder
c) Für Obdachlose

Lösungen: 1a, 2b, 3b, 4c, 5a, 6c, 7b, 8a, 9b, 10b, 11a, 12b

Landungsstrand in Arromanches: Wie war noch der Deckname für die Operation? Frage 3!

❼ Wozu dienen die Hecken, die normannische Felder säumen, in erster Linie?
a) Als schnell nachwachsendes Brennholz
b) Als Windschutz
c) Als Brutplätze für Vögel

❽ Auf was muss man bei der *pêche-à-pied* immer achten?
a) Auf die Mindestgröße der Muscheln, die man sammelt
b) Auf die dafür freigegebenen Küstenstreifen
c) Auf die richtige Ausrüstung

❾ Wo ist der Flamboyantstil besonders schön zu sehen?
a) An den Fachwerkhäusern in Beuvron-en-Auge
b) An den Kathedralen in Évreux, Rouen, Coutances und Bayeux
c) An den Klöstern und Klosterruinen im Tal der Seine

❿ Und wo sind besonders viele Fachwerkhäuser zu bewundern?
a) In der Unesco-Welterbe-Innenstadt von Le Havre
b) In der Altstadt von Rouen
c) In der Suisse Normande

⓫ Wie hieß der erste Herzog der Normandie?
a) Robert
b) Roger
c) Guillaume

⓬ Was ist ein *trou normand?*
a) Ein speziell belüfteter Alterungs-keller für den Calvados
b) Das Loch, das der Calvados im Magen für den nächsten Gang schafft
c) Ein mindestens acht Jahre gereifter Calvados

REGISTER

LOB ODER KRITIK? WIR FREUEN UNS AUF DEINE NACHRICHT!

Trotz gründlicher Recherche schleichen sich manchmal Fehler ein. Wir hoffen, du hast Verständnis, dass der Verlag dafür keine Haftung übernehmen kann.

MARCO POLO Redaktion • MAIRDUMONT • Postfach 31 51 73751 Ostfildern • info@marcopolo.de

Impressum
Titelbild: Étretat (Schapowalow: S. Kamel)
Fotos: S. Bisping (147); huber-images: F. Carovillano (70/71), O. Fantuz (57), G. Gräfenhain (40/41, 80), S. Kremer (118/119, 142/143, 144/145), Lukasseck (26/27, 62, 136); iStock: Delpixart (Klappe hinten), encrier (12), guenterguni (28/29), NickNick_ko (121), StevanZZ (Klappe vorne außen, Klappe vorne innen/1); Laif: C. Boisvieux (114, 127), M. Gonzalez (2/3); Laif/Gamma-Rapho: F. Raddavero (25); Laif/hemis.fr: P. Escudero (14/15), F. Guiziou (8/9, 37, 46, 99, 100/101, 106), H. Hughes (30, 122/123, 130), R. Mattes (16/17), V. Prevost (105), B. Rieger (33, 68), R. Soberka (11, 59, 60), D. Zylberyng (109); Laif/Le Figaro Magazine: S. Fautre (85), Martin (65), Robin (34/35, 79); Laif/REA: B. Decout (13); Look/Photononstop (111); mauritius images: K. Scholz (48, 55), J. Warburton-Lee/ S. Egan (51); mauritius images/age fotostock: B. Almela (117); mauritius images/Alamy: Andia (96/97), D. Burton (92/93), J. Douillet (135), J. Kellerman (76), A. Kowalsky (129), M. Park (21), M. Vaartjes (86), A. Wilson (32/33); mauritius images/hemis.fr: R. Mattes (6/7); mauritius images/nature picture library: K. Richard (88); mauritius images/Photononstop: H. Gyssels (22), J. Kumar (83); mauritius images/United Archives (94); Shutterstock: AnnDcs (113), Beketoff (10), A. Demyanenko (29), A. Kochetkova (45), olrat (132/133)

15., aktualisierte Auflage 2023
© MAIRDUMONT GmbH & Co. KG, Ostfildern
Autoren: Stefanie Bisping, Hans-Peter Reiser; Redaktion: Nikolai Michaelis; Bildredaktion: Anja Schlatterer
Kartografie: © MAIRDUMONT, Ostfildern (S. 38–39, 124–125, 126, 131, Umschlag außen, Faltkarte);
© MAIRDUMONT, Ostfildern, unter Verwendung von Kartendaten von OpenStreetMap, Lizenz CC-BY-SA 2.0
(S. 42–43, 52, 66, 72–73, 75, 91, 102–103)
Als touristischer Verlag stellen wir bei den Karten nur den De-facto-Stand dar. Dieser kann von der völkerrechtlichen Lage abweichen und ist völlig wertungsfrei.
Gestaltung Cover, Umschlag und Faltkartencover: bilekjaeger_Kreativagentur mit Zukunftswerkstatt, Stuttgart
Gestaltung Innenlayout: Langenstein Communication GmbH, Ludwigsburg
Spickzettel: in Zusammenarbeit mit PONS Langenscheidt GmbH, Stuttgart
Texte hintere Umschlagklappe: Lucia Rojas
Konzept Coverlines: Jutta Metzler, bessere-texte.de

Printed in China

MIX
Papier aus verantwortungsvollen Quellen
FSC® C124385

MARCO POLO AUTORIN
STEFANIE BISPING
Stefanie Bisping liebt die Normandie, seit sie im zarten Vorschulalter am Strand bei Trouville ihre erste Jakobsmuschelschale fand. Heute schätzt sie außer den Stränden auch das Hinterland der Region. Sie arbeitet als Reisejournalistin für verschiedene Medien und Verlage in Deutschland, Österreich und der Schweiz. Frankreichs Küsten gehören dabei zu ihren Schwerpunkten.

BLOSS NICHT!

FETTNÄPFCHEN UND REINFÄLLE VERMEIDEN

„MONSIEUR" UND „MADAME" VERGESSEN

Es klingt ja auch viel netter: *Bonjour, Madame!, Merci, Monsieur!* In Frankreich gehört diese freundliche Anrede zum guten Ton. Und auch nicht gleich zum zwanglosen *tu* greifen: Franzosen wahren die Form und duzen keine Fremden, auch wenn sie im selben Alter sind.

BAGUETTESTÜCKE SÄBELN

So gut wie alles wird in Frankreich mit Messer und Gabel gegessen. Vom Baguette aber schneiden sich nur Touristen eine Scheibe ab – Einheimische brechen mit der Hand ein Stück von der *flûte*.

BEGRIFFSVERWIRRUNG

Zu Recht allergisch reagiert man in der Normandie, wenn jemand von der alliierten „Invasion" spricht. Denn das ist die Bezeichnung des Hitler-Regimes für die Landung der verbündeten Streitkräfte im Juni 1944. Invasion bedeutet „Einmarsch feindlicher Truppen". Die Alliierten kamen aber als Retter, um Frankreich (und Europa) von den deutschen Invasoren zu befreien.

IN TOURISTENHOCHBURGEN ESSEN

Viele Restaurantbesitzer profitieren gnadenlos von der Beliebtheit touristischer Highlights. Mach es wie die Einheimischen und such dir ein Restaurant ein wenig abseits. Die Autokennzeichen auf dem Parkplatz verraten, wo.

KOMPLIKATIONEN BEIM BEZAHLEN VERURSACHEN

Da die Franzosen selbst kleinste Einkäufe mit Karte bezahlen, können kleine Läden und Cafés oft nicht auf 100 oder gar 200 Euro herausgeben. Und im Restaurant getrennt zu bezahlen ist ganz und gar unüblich. Besser zahlt einer und dann wird der Betrag durch die Zahl der Teilnehmer dividiert.